AF453154

LE CONTINENT NOIR.

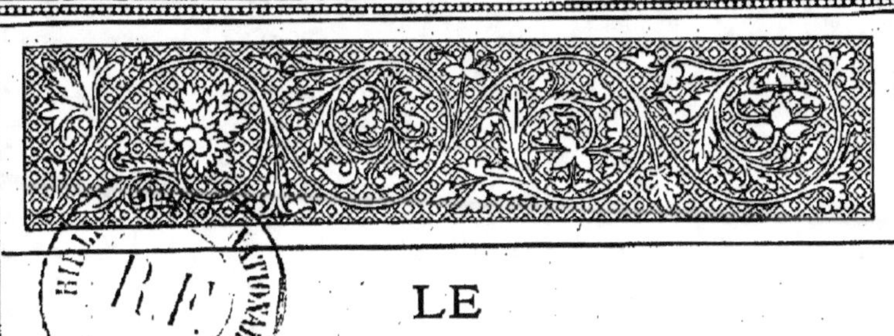

LE CONTINENT NOIR

AU PAYS DES GRANDS LACS

Zanguebar. — Les grands lacs. — Au nord des grands lacs. — Abyssinie.

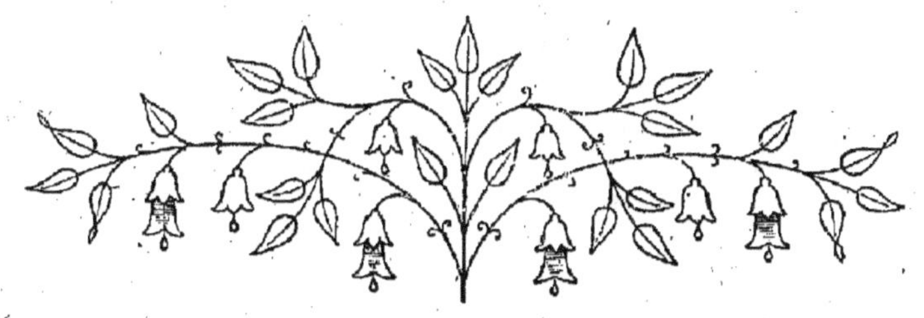

Société de Saint-Augustin,

DESCLÉE, DE BROUWER ET Cie,

1897.

Haque année d'innombrables publications illustrées paraissent sur les pays étrangers. La relation suivante se distingue de tous les ouvrages du même genre par une note spéciale, qui, dominant tout le récit, est comme la caractéristique du livre : la note religieuse. Au lieu de ne citer, à l'instar des voyageurs ordinaires, que rarement et comme à regret les créations que le zèle apostolique enfante sous tant de formes dans les pays infidèles, nous les mentionnons avec empressement, nous efforçant d'en faire ressortir les avantages, apprécier l'opportunité, valoir le mérite. Sur toutes les plages lointaines où nous rencontrons les missionnaires, une sympathie profonde nous attire vers ces hommes de Dieu. Qu'ils parlent français, anglais, espagnol ou italien, ce sont pour nous des compatriotes.

Mais, comme on le verra, l'attention que nous accordons à leurs œuvres ne nous fait négliger aucune des curiosités profanes qui se rencontrent dans leurs différentes missions. Eux-mêmes nous en feront les honneurs. La plupart des dessins qui illustrent le texte ont été gravés d'après des photographies envoyées par ces vaillants apôtres de la foi, qui passent leur vie entière au milieu des populations dont ils ont entrepris l'évangélisation.

Quelle satisfaction le lecteur chrétien ne doit-il pas éprouver en parcourant ces pages ! Ces églises, ces écoles, ces hôpitaux semés sur tous les points du monde, n'est-ce pas l'Œuvre de la Propagation de la Foi, n'est-ce pas l'humble obole jetée chaque semaine dans le trésor commun des missionnaires par les fidèles de tous les pays qui les a édifiés et qui les entretient ? Quelle joie pour nous en voyant combien de missions nouvelles ont été rendues possibles, combien de missions anciennes ont été rendues florissantes, grâce aux modestes cotisations dont la multitude constitue le royal budget de l'apostolat ! Quel bonheur d'avoir contribué au splendide épanouissement de la vraie foi dont nous sommes aujourd'hui les témoins !

Sans abandonner aucune des œuvres destinées à soulager les souffrances de ceux qui nous touchent de près, n'oublions donc pas le denier hebdomadaire, le sou par semaine de la Propagation de la Foi. Ce léger sacrifice ne restera pas, même dès maintenant, sans récompense. Les vingt mille missionnaires disséminés sous toutes les latitudes immolent chaque jour l'Hostie sainte pour tous leurs bienfaiteurs; leurs prières, unies aux prières de leurs orphelins, de leurs néophytes, de leurs martyrs, feront descendre sur nous d'incessantes et abondantes bénédictions.

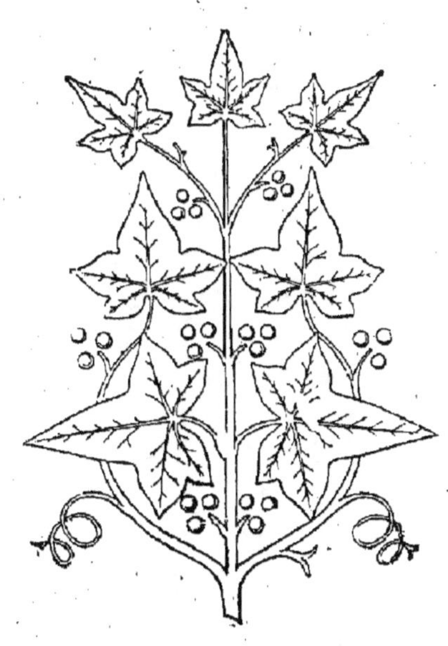

ENFIN nous nous rapprochons de la côte africaine.

L'île de Zanzibar paraît d'abord dans le lointain. Bientôt à l'horizon s'esquisse, droite et mince, la silhouette de quelques mâts de vaisseaux. En face on voit une masse d'un blanc pâle : c'est la capitale de tout le royaume. Nous y trouvons les missionnaires de la Congrégation du Saint-Esprit, dont nul n'ignore l'activité, le zèle et les œuvres florissantes sur une si vaste portion de la côte occidentale d'Afrique.

Zanzibar. — Au pied d'une haute tour surmontée d'un phare électrique et ornée d'une horloge, s'étend cette grande ville, mi-européenne, mi-arabe, reliée au monde entier par un câble télégraphique. A côté du pavillon rouge du sultan Saïd Bargash, flottent les pavillons des représentants officiels de toutes les puissances de l'Europe. Des traités en bonne et due forme assurent le commerce de grandes maisons du vieux continent fondées depuis un demi-siècle, et ce commerce important est régi par une douane percevant l'impôt. Enfin Zanzibar possède une armée assez bien organisée et une flottille de beaux vapeurs, qui établit des communications régulières avec Bombay, Calcutta, et quelquefois Aden, en concurrence avec la ligne *British-India*, chargée du service postal de la côte orientale ; et le grand hôtel de l'Afrique centrale, tenu par un de nos compatriotes, M. Chabot, offre aux voyageurs tout le confort désirable des grands hôtels d'Europe. On y voit de magnifiques routes macadamisées pour des locomobiles qui sillonnent l'île et qui conduisent aux superbes villas du sultan, en attendant l'établissement d'un petit chemin de fer dont les projets sont à l'étude.

" Zanzibar, dit Stanley, est le Bagdad, l'Ispahan, le Stamboul de l'Afrique orientale ; c'est le grand marché qui attire l'ivoire et le copal, l'orseille, les peaux, les bois précieux, les esclaves de cette région. Zanzibar vend, en outre, des clous de girofle, du poivre, du sésame, des cauris et de l'huile de coco. La valeur de ses exportations est estimée à quinze millions de francs; celle de ses importations à dix-sept millions et demi. ''

Les Arabes voyagent presque tous ; ce sont eux qui vont à la recherche de l'ivoire. On ferait, avec leurs aventures, de gros volumes de récits palpitants, et ils

STANLEY.

doivent aux obstacles vaincus, aux périls surmontés, un air de résolution martiale, d'intrépidité et de confiance en eux-mêmes qui n'est pas dépourvu de grandeur.

Le Banyan est trafiquant de naissance ; c'est le commerce incarné ; l'argent afflue dans ses poches aussi naturellement que l'eau suit une pente rapide ; il surpasse le Juif et n'a de rival que le Parsi ; auprès de lui l'Arabe est un enfant. Il n'est pas sûr néanmoins qu'en fait de ruse et de rapacité maligne il ne soit pas égalé par l'Hindi.

Bagamoyo.—C'était, il y a vingt ans, un assez pauvre village ; mais il a grandi. Il est devenu le marché le plus important et l'un des points les plus fréquentés de la côte. Dans la bonne saison, les caravanes y amènent quelquefois de l'intérieur dix mille étrangers par semaine.

L'établissement des missionnaires du Saint-Esprit se trouve à un kilomètre au nord de la ville. Fondé en 1869, il a reçu la visite de tous les voyageurs qui sont partis de ce point pour explorer le continent mystérieux. Le corps de Livingstone, rapporté du lac Bangouélo, y fut déposé pendant qu'un des Frères de la mission fabriquait le cercueil dans lequel les restes du grand voyageur furent mis pour être transportés à Zanzibar et de là à Londres.

A son premier passage à Bagamoyo, Stanley alla voir les Pères. Ceux-ci venaient justement d'héberger quelques Européens qui avaient eu la délicate attention d'apporter avec eux trois ou quatre bouteilles de Champagne. Stanley en eut sa part, et, de retour en Europe, rendant hommage à la bonne hospitalité qu'il avait reçue, il écrivit gaiement dans son livre quelque chose comme ceci : " J'ai trouvé à Bagamoyo *les Jésuites du Saint-Esprit*. Ceux-là comprennent le prix de la vie : ils ont la fièvre, mais ils la chassent avec du Champagne. "

Deux ans après, Stanley repassa. Mais, cette fois, des visiteurs européens ne l'avaient point précédé.

C'était un vendredi, et l'illustre voyageur, qui s'attendait à mieux, dut se contenter d'une sardine.

Explorateurs. — Il faut remonter jusqu'à 1845 pour trouver la première origine des expéditions qui, prenant pour point de départ la côte de Zanzibar, et pour but l'exploration des grands lacs hypothétiquement signalés sur la zone équatoriale du continent africain, aboutirent à la découverte des sources du Nil. C'est à la date précitée que remonte la tentative du jeune Français Maizan, qui paya de sa vie sa généreuse initiative.

A quelques journées vers le sud se trouve Degéla-Mhora, où fut assassiné ce premier Européen qui eût pénétré aussi avant sur cette côte meurtrière. Burton a

relaté dans ses souvenirs de voyage les détails du sup-
plice du malheureux Français. En 1845, M. Maizan
débarquait à Bagamoyo ; de là il se rendit presque seul
à Dégé, et fut d'abord bien accueilli par le chef Mazoungéra. Mais, quelques jours après, celui-ci le fit arrêter
et, lui reprochant les dons qu'il avait faits à d'autres
chefs, lui déclara qu'il allait mourir à l'instant. L'intré-
pide voyageur fut attaché à un baobab ; Mazoungéra
lui coupa les articulations pendant que retentissait le
 hant de guerre et que le tambour battait une marche
triomphale. Puis, entamant la gorge de sa victime et
trouvant que son couteau était émoussé, l'infâme bour-
reau s'arrêta pour en aiguiser le tranchant ; il se remit
ensuite à l'œuvre, et arracha la tête avant que la décol-
lation fût complète. Ainsi mourut à vingt-six ans un
homme plein de cœur, de savoir et d'avenir, dont le
seul défaut était la témérité, ainsi qu'on appelle trop
souvent l'esprit d'initiative quand la fortune ne sourit
pas au courage. Malgré les efforts du sultan de Zanzibar pour satisfaire aux justes réclamations, on ne
parvint pas à saisir le coupable, qui s'enfuit au Tanganika, où il mourut misérablement.

Portrait de l'indigène. — Pour voir l'Africain

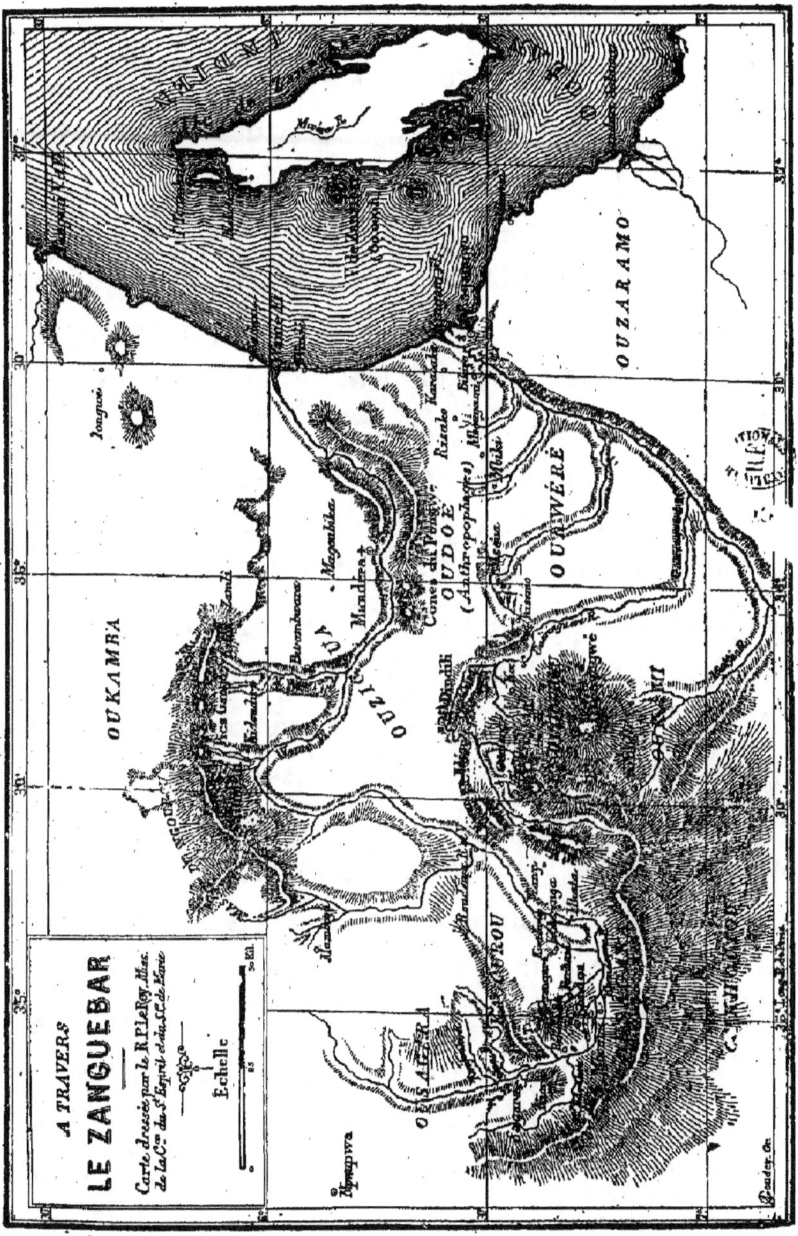

Le Continent noir.

dans toute sa beauté, il faut aller le chercher un peu
loin, dans l'Oukami, à l'ombre fraîche des bananéraies,
au milieu de l'abondance que produit cette terre
féconde. Après avoir été frappé de cette teinte mer-
veilleuse, de la puissance, de l'éclat de cette feuillée
gigantesque, de la profusion de ces grappes massives,
de cette végétation constamment printanière sous un
ciel de feu, on remarque que les habitants s'harmo-
nisent avec le paysage, et sont aussi parfaits dans
leur genre que les fruits gonflés de sève qui pendent
au-dessus de leurs têtes. Tous leurs traits semblent
proclamer qu'ils vivent au milieu de grasses prairies,
de vallées fertiles, dans un pays de laitage, de miel et
de vin. La vigueur de ce sol, qui ne connaît pas de
repos, paraît s'être infusée dans leurs veines ; leurs
yeux brillants, au regard rapide, semblent refléter les
rayons du soleil ; leur corps, d'une belle nuance de
bronze, leurs bras aux muscles fortement accusés, tout
leur être annonce une vie exubérante.

L'Africain de ces parages est un homme de grande
taille, qui a la peau noire comme l'ébène, une figure
de bonne humeur, où s'épanouit un large sourire.
Il porte, au milieu des incisives de la mâchoire d'en-
bas, un petit trou qu'on lui a fait dans son enfance

pour indiquer sa tribu. Ses cheveux, divisés en mille tire-bouchons, lui tombent sur les épaules. On le voit souvent à Zanzibar prendre la robe et le turban avec non moins d'avantage que pas un homme de la côte.

Il est né commerçant et voyageur. Sa tribu a le monopole du transport des marchandises, et cela depuis les temps les plus reculés. Il est le cheval, le mulet, le chameau, la bête de somme que recherchent avidement tous ceux qui veulent aller de Zanzibar dans l'intérieur de l'Afrique. On le voit dans tous les ports de la côte, où il est en si grande faveur, qu'on lui donne, pour un voyage dans l'Ounyanyembé, jusqu'à cent mètres d'étoffe, qui sur les lieux valent deux cent cinquante francs. Son parcours s'étend des montagnes de Karagouch aux rives du Loualaba. On l'y rencontre partout. Dans les marais, dans les déserts, au fond des bois et des ravins, sur les plateaux, sur les crêtes, vous le retrouvez chargé de cotonnades du Massachussets, de calicot et de fil métallique d'Angleterre, d'indiennes de Mascate, d'étoffes, de verroterie d'Allemagne. En caravane, il est docile ; chez lui, d'humeur joyeuse. Trafiquant pour son compte, il est plein d'habileté et de finesse ; aventurier, il se montre audacieux et sans scrupule ; c'est le *rouga-rouga*. Dans l'Oukami, dans l'Oukonongo et dans l'Okaouendi, il est chasseur ; dans l'Ousoukouma, conducteur de bétail et fondeur de fer ; dans le Londa, chercheur d'ivoire énergique ; sur la côte, frappé d'étonnement et de respect.

" En ce pays, dit le P. Le Roy, le cheval ne peut vivre ; le chameau ne saurait passer à travers les forêts, les marais et les fleuves ; l'éléphant, qui livre à l'homme son ivoire, ne veut point lui céder son travail ; le bœuf meurt des piqûres de la mouche de tsétsé ; l'âne lui-même, le plus résistant des animaux, ne rend que peu de services. Reste l'homme. Et l'homme se fait si bien à cette vie de bête de somme, pour laquelle il n'a point encore trouvé de remplaçant, que, l'ayant une fois menée, il ne peut plus l'abandonner. Comme le Juif-Errant de la chanson, il faut qu'il marche, chargé de son fardeau, armé de sa lance et muni de sa pipe. A la fin d'un voyage, quand il a touché le prix convenu, il reprend le chemin de son village, où il dissipe rondement avec ses amis toutes ses ressources en noces et festins.

" Mais, à bout de finances sans être à bout de forces, le porteur entre dans de nouvelles caravanes, pour revenir encore, pour repartir ensuite, et ainsi toujours, courant de Zanzibar à Mpwapwa, de Mpwapwa à Tabora, de là à Oujiji, dans l'Ouganda, dans le Manyéma, partout, semant sa sueur sur tous les sentiers, vivant de ce qui lui tombe sous la main, s'accommodant du désert, trouvant aux villages des relations faciles, et échangeant contre des légumes l'étoffe ou les verroteries que lui donne son chef de caravane. Doué, au reste, d'un estomac qui tire parti de tout et d'un pied qui ne se fatigue de rien, toujours marchant, toujours chantant, toujours content, il promène à l'aventure son existence vagabonde jusqu'à ce qu'un jour, se sentant défaillir, il s'allonge résolument dans les hautes herbes et abandonne, sans regret comme sans désespoir, aux hyènes qui se les partageront, ses membres enfin fatigués. "

Coutumes. — Voulez-vous connaître le *modus vivendi*, les mœurs, les goûts, les fantaisies de ces fils de Cham, si différents de nous à première vue et au fond si semblables à nous ? Asseyez-vous au pied de ce vénérable baobab sur la lisière de cette verte forêt, et ne perdez aucun trait du tableau que va nous esquisser, de sa main d'artiste, le missionnaire.

" Les Africains et les Européens, les noirs et les blancs, vous dira-t-il d'abord, sont fils d'un père et d'une mère qui n'étaient ni tout à fait noirs ni tout à fait blancs, mais qui, à coup sûr, avaient une nature dont les qualités et les défauts ont passé, quoique à des degrés divers, à tous les enfants...

" Les populations du Zanzibar sont assez laborieuses. Au temps des semailles, les hommes partent le matin de bonne heure et s'en vont aux champs, quelquefois très loin du village, une serpe ou une hache à la main, une pioche sur l'épaule, avec une lance, un arc, des flèches. On défriche la forêt, on brûle les herbes, on abat les arbres, on retourne un peu la terre, et on sème. Alors, pendant que la nature travaille, l'homme se repose, jusqu'à ce que, le maïs ou le sorgho portant des graines, il se relève pour chasser les oiseaux, les singes et les sangliers qui dévastent les plantations. Vient la récolte : les hommes alors emmagasinent tout ce qu'ils peuvent, sans ambition d'ailleurs, sans inquiétude, sans souci du lendemain. Ces provisions suffisent à peu près pour mener une famille d'une récolte à l'autre ; mais il est rare qu'on prévoie les pertes possibles, les incendies, les sécheresses, les guerres... Donc, pas de provisions superflues, pas de compagnies d'assurances. Quand on n'a plus rien, on va chez le voisin, qui ne refuse jamais ; et si le voisin n'est pas plus riche que celui qui vient à lui, on se serre le ventre de compagnie, et on avise. C'est ici comme ailleurs.

" Un soir après une longue étape, raconte le P. Le Roy, nous arrivons dans un village de l'Oukami. Un homme était là qui le gardait pendant que les autres étaient au champ, un vieillard. Je voulus prendre auprès de lui quelques informations, mais le vieillard, après m'avoir regardé d'un air ahuri, se rassit paisiblement et sans répondre. Par bonheur, une brave femme entra ; elle revenait de la fontaine, son enfant sur le dos, assis dans une peau de gazelle. Elle portait en main une calebasse emmanchée au bout d'un long bâton, avec laquelle elle avait puisé de l'eau, et, sur sa tête, le vase rempli jusqu'au bord, avec une branche d'arbre pour y conserver la fraîcheur. Si peu que ce soit, la négresse est fille d'Ève. Quelques compliments sur la beauté de son enfant firent partir chez celle-ci une fusée d'amour-propre, et aussitôt nous eûmes une case où l'on s'installa. C'est ici comme ailleurs !

" Ceux qui sont chargés de traiter une affaire délicate, ont soin d'amener la chose de loin, et ils connaissent à fond l'art des sous-entendus et des transitions. S'agit-il, par exemple, de vendre une poule, on commencera par parler de la santé, du temps, du pays, de tout. Au milieu de ces considérations cependant, le marché devra se faire ; mais il n'aura l'air que d'un incident. On connaît les manières. C'est ici comme ailleurs !

" Les vieux et les vieilles travaillent peu ; mais, par habitude ou par dignité, ils tiennent à paraître toujours occupés, pour montrer à leurs enfants ou à leurs petits-enfants, à leur gendre et à leur bru, qu'ils ne sont pas chez eux par charité et qu'ils gagnent bel et bien leur vie. Quand le soleil est beau, ils aiment à s'asseoir dans la poussière, le dos contre la case, l'œil fixé vers un point qu'ils ne regardent pas, et, sur un bâton qu'ils tiennent des deux mains, leur vieux menton branle. C'est ici comme ailleurs.

" Les vieillards aiment les enfants. Ceux-ci s'amusent souvent près de ceux-là, traînant à l'aventure, dans une poussière pleine de soleil, leurs mains potelées et crasseuses, leurs joues rondes, leurs petites têtes crépues, leurs nez morveux. Ces enfants crient peu, parlent de bonne heure, et demandent aux vieux qui sourient d'aise le nom de tout ce qu'ils voient, le pourquoi de tout ce qu'ils ne comprennent pas ; et la vie qui tombe aime à instruire la vie qui pousse. Ils

ZINGAROU, roi de l'Oukami, d'après une photographie
du R. P. BAUR.

ont d'ordinaire les doigts dans le nez. C'est ici comme ailleurs !

" Plus âgés, les enfants courent et s'amusent. Les garçons se font de bonne heure un petit arc, et ils ont des flèches en bois dont l'extrémité pointue va souvent frapper un oiseau qu'elles étourdissent ; d'autres chassent à la glu en posant de légères branchettes, enduites d'un suc végétal qu'ils connaissent, sur un peu de sable semé de quelques grains de sorgho ; d'autres encore, tout en gardant les moutons ou les chèvres, creusent des trous au fond desquels ils jettent du maïs : les petits oiseaux s'approchent, descendent, se régalent, et alors le chasseur se traîne jusqu'à l'embuscade, qu'il couvre subitement d'un morceau de toile. Les petites filles ne chassent pas, mais volontiers elles pilent le mtama ; elles vont chercher de l'eau, et plus volontiers encore elles emmaillotent une calebasse dans un peu de linge, et la soignent, et lui parlent, et l'habillent, et la grondent, et l'embrassent, et la frappent comme une mère fait de son enfant. La calebasse se prête à tout. C'est ici comme ailleurs !

" Les jeunes gens se dressent, marchent d'un certain air que tout le monde n'a pas, ne font aucune attention aux marmots, caressent à la dérobée le peu de barbe qui leur pousse au menton, se regardent dans l'eau calme et claire, et crachent au loin. Tout cela donne de l'importance et montre qu'on est capable. C'est ici comme ailleurs !

" Mais, dans toute cette vie d'un village qui n'a jamais rien vu de notre civilisation européenne, ce qui m'étonna surtout, ce qui m'intéressa, ce qui me jeta tout un soir dans un océan de considérations intérieures toutes plus philosophiques les unes que les autres, ce fut la calebasse, ce fut la poupée. Une poupée ! le voilà donc en pleine Afrique cet éternel jouet de la nature humaine ! Une poupée ! saint Jérôme en parle dans ses lettres, et parfois, dans les fouilles des environs de Rome, lorsque l'on découvre un tombeau, on en trouve une entre les mains d'un squelette d'enfant ; ainsi la poupée est de tous les temps, elle est aussi de tous les pays.

" Et cela me fait croire, ajoute le Père Le Roy, ce que je savais déjà, que l'homme du Ier siècle et du XIXe, que celui de Paris, de Péking, de Montevideo et de Zanzibar ont la même nature, les mêmes goûts, les mêmes penchants, et qu'ils doivent appartenir à la même espèce, *l'espèce humaine.* "

Religion. — Que dire de la religion de ces pauvres gens? En ont-ils une? Dans une excursion sur les montagnes de l'Ourougourou, le même missionnaire rencontra un indigène d'une vingtaine d'années qui lui demanda de s'établir avec les missionnaires.

" Cette proposition, dit le Père, me surprit et m'édifia. J'essayai de connaître les motifs de sa détermination, mais je ne pus y arriver ; il voulait venir avec nous, parce qu'il le voulait. Impossible de lui arracher autre chose. Peu à peu, je fus amené à lui demander s'il savait qui a fait le ciel et la terre :

— Non, me dit-il.

— Mais n'as-tu pas entendu quelquefois parler de *Moûngou ?* (C'est le nom donné à DIEU dans tout le Zanguebar.) Ne l'as-tu pas prié?

— Jamais.

— Tu n'as jamais dit: " Moûngou, donne-moi ceci, Moûngou, donne-moi cela, accorde-moi bonne chasse, ne me laisse pas manger par les lions ; " n'as-tu jamais dit cela ?

— Non.

— Eh bien ! qu'en penses-tu? N'y a-t-il pas quelqu'un de plus fort que l'homme, de plus puissant, de plus...

ZANGUEBAR. — Porte de village dans l'Oukami ; d'après un dessin du R. P. Le Roy.

— Oh oui ! fit-il vivement, c'est le buffle ! "

" Voilà, avoue plaisamment le Père Le Roy, tout ce que je pus tirer du fond de cette âme prédestinée. "

Langues. — Quant aux langues parlées au Zanguebar, chaque tribu a son idiome, mais le *kiswahili*, qui se parle à Zanzibar et sur la côte, a été porté par les traitants loin dans l'intérieur, et, de plus en plus répandu, il est aujourd'hui compris du grand nombre.

Chose curieuse ! voilà une langue qui n'a rien emprunté à l'Europe, qui est toujours restée au service de pauvres noirs étrangers à notre civilisation, qui n'a fourni ni poèmes, ni histoires, ni contes, qui n'a pas même de signes orthographiques : et cette langue est parfaitement régulière, parfaitement rationnelle, parfaitement philosophique. D'où cette langue leur est-elle venue ? Et si les peuples trouvent eux-mêmes la force de transformer la *voix* en *parole*, qui nous montrera par le monde une tribu qui ne parle pas encore ou qui ne fait que de commencer à parler ?

Missionnaires en voyage. — Les missionnaires du Zanguebar ont parcouru en tous sens la partie du littoral africain voisine de l'île.

Voulez-vous connaître le règlement suivi par eux dans leurs excursions au milieu des peuplades de l'intérieur ? Voici l'ordre du jour, d'après un missionnaire de Bagamoyo :

" Nous nous réveillions ordinairement, raconte-t-il, bien avant le chant du coq. Aussitôt, on sonnait une sorte de rappel africain dans une corne d'antilope ; nous disions avec nos chrétiens une courte prière, et notre brave cuisinier nous faisait chauffer un peu de café noir préparé la veille. Pendant ce temps-là, les porteurs arrangeaient leurs ballots et ensuite nous nous mettions en route, nous devant, avec un homme de confiance derrière. Il était ordinairement trois heures du matin quand nous partions, et, après cinq ou six heures de marche, nous arrivions au but. Lorsque nous trouvions un village, nous y cherchions une case, autrement la tente était dressée, et l'on se reposait un peu. Puis venaient les visites, le paiement des porteurs, les négociations pour l'achat d'une poule, d'un peu de riz, de quelques légumes. A midi et le soir, au repas qui nous était servi, nous ne manquions jamais d'être entourés par une foule avide de nous voir manger. Aussi, lorsque l'heure venait de nous livrer à cet intéressant exercice, on se massait autour de nous avec la même ardeur curieuse qui rassemble autour des bêtes exotiques les élèves des écoles, les troupiers et les bonnes d'enfants. Et alors il y avait devant nous de ces figure béates se pâmant d'admiration, de ces yeux largement ouverts, de ces bouches énormes, de ces attitudes penchées, de ces physionomies naïves, heureuses et captivées que l'on ne trouve qu'à Paris, au-dessus de la fosse où l'ours blanc déjeune.

" A la nuit, on allumait des feux, on préparait son lit de camp, et l'on essayait de s'endormir en recommandant à la Providence son corps et son âme, son expédition et ses chers noirs, ses amis et ses parents.

" Les ballots étaient placés dans un compartiment de la case. Les missionnaires dressaient de leur mieux leur lit ; mais l'emplacement du matin n'était pas toujours celui du soir. Réveillé par les moustiques, les rats, la fièvre, on circulait dans les coins, cherchant une position introuvable, et on finissait d'ordinaire par s'arrêter dans une caisse. Pour comble de malheur, nous avions parfois beaucoup de pluies, et l'eau perçait si bien qu'elle tombait sur nous comme à travers un panier. Le jour, nous bravions l'infortune ; mais, la nuit, à la lueur d'une lanterne que le vent secouait, nous avions peine à mettre à l'abri nos provisions et

ZANGUEBAR. — Vue de Bagamoyo ; d'après un dessin du R. P. LE ROY.

nos effets. Quant à nous, nous étions souvent trempés jusqu'aux os, malgré le parapluie dont nous nous armions sur nos grabats. Le lendemain de ces épisodes, la fièvre nous prenait quelquefois assez bien. Alors ceux qui se portaient mieux soignaient les infirmes, et même, de temps à autre, il y en avait qui trouvaient assez de gaieté dans leur cœur pour improviser des musettes et des mirlitons avec les roseaux de la rivière voisine, et charmer les ennuis des malades par des airs patriotiques, comme celui du roi Dagobert.

" Telle est notre vie, vie toute d'abandon entre les mains de Celui pour qui l'on travaille et par qui tout travail est doux. Sans sa foi en DIEU, que serait en effet le missionnaire ? "

OURNANT le dos à la côte, nous nous enfonçons résolument dans l'immense domaine évangélisé par les vaillants missionnaires du cardinal Lavigerie, et nous nous engageons sur cet interminable sentier long de 900 kilomètres, entrecoupé de ravins, de déserts, de forêts, qui relie la riante bourgade de Bagamoyo au village de Tabora. A tout instant on rencontre des ruines. " Passer près des débris de tant de villages, naguère la demeure de gens heureux, écrit Stanley, me jetait dans une tristesse inexprimable. Où étaient ceux qui avaient bâti ces cases, cultivé ces champs ? Ils avaient été emmenés comme esclaves, tués par des bandits dans une lutte à laquelle ils ne prenaient aucune part, ou étaient morts de fatigue et de faim sur les routes. "

L'Afrique perd son sang par tous les pores. Un pays fertile, qui ne demande que du travail pour devenir l'un des plus producteurs du monde, voit ses habitants, déjà trop rares, décimés journellement par la traite de l'homme et les guerres intestines. Qu'on laisse se prolonger cet état de choses, et tout ce pays, retombé dans la solitude, repris par la jungle, redeviendra impraticable au commerce et au voyageur.

Citons ce croquis d'une visite d'un chef de village à l'illustre explorateur américain, lors de sa traversée du noir continent.

" J'allai, dit-il, recevoir le chef à la porte du camp, et l'invitai à venir, lui et ses officiers, dans ma tente. Ils me contemplèrent tous avec un étonnement inexprimable ; ils se regardèrent les uns les autres, puis éclatèrent de rire en faisant claquer leurs doigts à plusieurs reprises. A chaque objet qu'ils remarquaient, c'étaient des rires convulsifs. Le chef demanda à quoi servaient mes petites bouteilles, dont la beauté et l'arrangement le faisaient soupirer d'admiration. " *Dahoua*, " répondis-je : ce qui signifie médecine. " Voilà, par exemple, pour " guérir le mal de tête et la morsure des serpents, " ajoutai-je en montrant de l'ammoniaque. Aussitôt le chef de se plaindre de mal de tête, et de vouloir de cette drogue. Je lui dis de fermer les yeux, et lui mis le flacon sous le nez. Il tomba à la renverse, avec des contorsions indescriptibles. Ses officiers ne se sentaient pas d'aise ; ce n'étaient plus des éclats de rire, c'étaient des rugissements. Ils se pinçaient les uns les autres, battaient des mains, faisaient claquer leurs doigts, et mille extravagances. Le chef finit par se relever ; il était en larmes à force de rire.

— Oh ! disait-il en partant, ces blancs savent tout au monde ; les Arabes sont de la boue auprès d'eux. "

Nous voici à la grande halte : Tabora.

Tabora. — C'est le grand marché central ; c'est le carrefour où la route se bifurque, où les caravanes qui ont jusque-là cheminé de concert se séparent : les unes pour monter au nord vers les mystérieux Nyanzas où le Nil puise ses premières eaux, les autres pour atteindre à l'ouest le lac Tanganika.

Rien d'intéressant à examiner à Tabora, si ce n'est le bel orphelinat élevé par les Pères d'Alger à Kipalapala, à deux lieues du village. Aussi, après une visite à cet établissement, peuplé d'esclaves rachetés et de jeunes néophytes, nous précipitons notre course dans la direction d'Oujiji, port du Tanganika.

Oujiji. — Figurez-vous, éparses au milieu des bananiers, palmiers, citronniers, etc., des cases en forme de ruches, sans ordre et sans rue, les habitations étant simplement reliées entr'elles par d'étroits et tortueux sentiers. Dans les mois de février, mars, avril et une partie de mai, ces sentiers disparaissent même sous les hautes herbes. Il faut, pour s'y mouvoir, fendre des flots de verdure, action peu agréable et tout juste rassurante, car on ne peut savoir ce que cette verdure recèle. Çà et là apparaît un *tembé* arabe, grosse construction en briques séchées au soleil ; devant le tembé s'élève une sorte de véranda, le tout couvert par un toit en herbe de vingt centimètres d'épaisseur. Ces tembés forment la résidence des Arabes venus pour leur commerce. Bien qu'ils soient peu nombreux, une dizaine en tout, ils ont une réelle et puissante influence, surtout au nord du lac et jusqu'au Manyéma.

Vu de près, Oujiji n'est donc pas merveilleux ; mais, de loin, l'aspect en est tout autre. Il se montre assis au fond d'un léger pli de terrain orné de gracieux festons, presque enseveli dans le feuillage et à l'ombre des palmiers. Tout auprès s'étend le lac, bordé sur la rive occidentale d'un puissant rempart de superbes montagnes. En arrivant ici pour la première fois, un sentiment d'admiration pour ce bel horizon remplit toutes les âmes.

Voilà ce que l'on voit dans ce pays ; ce que l'on ne voit pas, mais ce que l'on sent bien, c'est la fièvre. Pourtant, malgré son insalubrité, Oujiji est resté jusqu'à ce jour le centre où tout vient aboutir et d'où l'on peut rayonner autour du Tanganika.

" C'est, dit le P. Guillet, le meilleur point de tout le lac pour le rachat des enfants esclaves, parce que c'est là que passent toutes les caravanes. En y résidant, on peut profiter d'excellentes occasions pour acheter à bon marché étoffes, perles, sel, etc., tout ce qui sert comme articles d'échange. De là, on peut favoriser la rapidité relative des correspondances avec le P. Procureur de Zanzibar, entretenir les rapports qu'il faut avoir avec les Arabes, signer les traités et se tenir au courant de tout ce que font les ministres anglicans et les explorateurs.

" De plus, toutes les caravanes passant à Oujiji, il y aurait une belle œuvre de charité à y établir en faveur des pauvres porteurs qui meurent, par centaines, de maladies, de faim, de misère, car personne ne songe à eux. Quand ils sont morts, leurs camarades les jettent dans les herbes, où ils deviennent la pâture des hyènes et des oiseaux de proie. Il suffit de se promener aux environs pour juger, par les ossements que l'on trouve partout, du nombre de ces infortunés. "

C'est à Oujiji que, le 10 novembre 1871, Stanley rencontra Livingstone, que l'on disait mort et qu'il s'était hardiment chargé de retrouver.

"... Tandis que j'avançais lentement, raconte Stanley, je remarquai la pâleur de Livingstone et son air de fatigue. Il avait un pantalon gris, un paletot petit rouge, une casquette bleue à galon d'or fané. Dans mon enthousiasme, j'aurais voulu courir après lui ; mais j'étais lâche en présence de cette foule. J'aurais voulu l'embrasser ; mais il était Anglais : je ne savais pas comment je serais accueilli. Je fis donc ce que m'inspiraient la couardise et le faux orgueil. J'approchai d'un pas délibéré et dis, en ôtant mon chapeau :

— Le docteur Livingstone, je présume ?

— Oui, me répondit-il en soulevant sa casquette et avec un bienveillant sourire. Nos têtes furent recouvertes, et nos deux mains se pressèrent.

— Je remercie DIEU, repris-je à haute voix, de ce qu'il m'a permis de vous rencontrer.

— Je suis heureux, dit-il, d'être ici pour vous recevoir.

" Le docteur prit le sac des correspondances à son adresse ; l'envoi datait de plus d'un an, à partir de Zanzibar. Il regarda les lettres, en ouvrit deux,

ZANGUEBAR. — Une messe au désert ; d'après un dessin du R. P. LE ROY, missionnaire de la Congrégation du Saint-Esprit.

qui étaient de ses enfants, et son visage s'illumina.

Quand il eut fini, il me demanda des nouvelles.

— D'abord vos lettres, docteur ; vous devez être impatient de les lire.

— Ah ! fit-il tristement, j'ai attendu des lettres pendant des années ; j'ai maintenant de la patience. Dites-moi ce qui s'est passé dans le monde.

— Savez-vous que le canal de Suez est ouvert, et que le transit est régulier entre l'Europe et l'Asie ?

— J'ignorais qu'il fût achevé ; c'est là une grande nouvelle. Après ?

Et me voilà transformé en Revue du globe, sans avoir besoin ni d'exagération ni de remplissage : le monde a vu tant de choses, et tant de choses surprenantes dans ces dernières années !

Le chemin de fer du Pacifique, la révolte des Crétois, la reine Isabelle chassée du trône, Prim assassiné, le Danemark démembré, Sadowa et ses conséquences, la capitulation de Sedan, l'armée prussienne à Paris...

Quelle avalanche de faits pour quelqu'un qui sort des forêts vierges du Manyéma !... "

Mort de Livingstone. — Deux ans après cette

rencontre touchante, l'illustre Livingstone mourait non loin de là, à Tchitammbo.

On lira peut-être avec intérêt le récit des derniers moments de cet homme remarquable à tant de titres.

Le 30 avril vers minuit Livingstone appela un de ses serviteurs, lui demanda de l'eau chaude, puis la boîte à médicaments, où il choisit du calomel, avec beaucoup de difficultés, car il semblait ne plus voir assez pour lire les étiquettes. Il fit poser le calomel auprès de lui, verser un peu d'eau dans une tasse, mettre une tasse vide à côté de l'autre, et murmura d'une voix faible :

— C'est bien ; vous pouvez vous en aller.

Ce furent ses dernières paroles.

Il était quatre heures du matin, lorsque Madjouara, un des serviteurs, vint réveiller les autres :

— Venez voir le maître, leur dit-il, j'ai peur ; je ne sais pas s'il est vivant.

Tous entrèrent dans la chambre. Le lit était vide. Agenouillé au bord de sa couche, la figure dans ses mains posées sur son oreiller, Livingstone semblait être en prière ; et, par un mouvement instinctif, chacun d'eux recula. " Quand je me suis réveillé, dit Madjouara, il était comme à présent ; et, puisqu'il ne remue pas, j'ai peur qu'il soit mort. "

Les serviteurs se rapprochèrent. Une bougie, collée sur la table par sa propre cire, jetait une clarté suffisante pour le bien voir. Ils le regardèrent pendant quelques instants et ne remarquèrent aucun signe de respiration. Matthieu lui posa doucement la main sur la joue : plus de doute, Livingstone était mort, et déjà presque froid.

C'était le 1er mai 1873.

Rapporté par des mains fidèles, le corps de Daniel Livingstone fut inhumé pompeusement à Westminster le 18 avril 1874.

Le lac Tanganika. — Ce lac a été découvert en 1858, par Burton et Speke. D'après la constatation faite par H. Stanley, le 15 juillet 1876, il a un déversoir dans le Congo par la rivière Loukouga et de là dans l'Océan Atlantique. La côte du Tanganika a un développement d'environ quatorze cents kilomètres.

Pour avoir une idée de la navigation des noirs sur le Tanganika, ainsi que des mœurs de ces marins aussi primitifs que leurs frêles embarcations, écoutons le

Père Moinet dans son récit du voyage qu'il fit sur le lac, d'Oujiji au Massanzé.

" Lorsqu'on n'a pas vu le lac Tanganika, on peut difficilement se faire une idée de sa navigation. Il ne faut pas oublier que nous sommes en pays sauvage et que nous devons employer des moyens tout à fait sauvages pour naviguer.

" Nous avons pour barque un arbre creusé, long de onze mètres et large de un mètre vingt centimètres. Ce bateau est orné d'un mât garni de sa voile, qui devra servir lorsque le vent voudra bien souffler. Outre la charge de nos objets d'échange, le bateau est monté par treize nègres rameurs et deux Pères.

" Au signal donné, cri caractéristique : *Hélé! Hélé!* les rames s'agitent, le bateau sort du rivage.

" Aussitôt commence un chant véritablement magnifique tant pour l'air que pour les paroles. Il faut bien se rappeler que jamais un nègre ne fera aucun travail sans chant. Celui qui vient de commencer est un chant à la divinité, chant qui pourrait être chaque matin dans la bouche d'un chrétien au début de ses actions.

" En voici les paroles :

> Kwauza m'ombé Mounza Kwauza
> Voute Kassia Kasema
> Kwauza m'ombé Mounza.

" Il faut prier DIEU d'abord, ensuite nous ramerons avec force ; prions DIEU d'abord ! "

" C'est une espèce de refrain que tout le monde répète avec des accords propres au pays ; puis les couplets continueront tant que l'improvisateur, d'une fécondité surprenante, aura conservé la voix et la respiration, car les mots ne lui manqueront pas.

" Il invoquera DIEU ; il invoquera le ciel, il invoquera la mer, il la priera de porter ses enfants, il demandera au vent de venir décharger ses enfants du travail de la rame, il demandera que le bateau les conduise au terme après un heureux voyage. Il priera pour le Bwana Mkouba, le grand maître du bateau, afin que la mer lui soit favorable, qu'elle le berce doucement et n'engloutisse pas ses biens ; puis vient enfin la prière qui les fait tous sourire : " Si nous arrivons " ainsi, Bwana Mkouba nous donnera à manger de la " chair d'une chèvre ! "

" Nous nous éloignons du rivage ; le chant a duré près d'une heure, la brise souffle, on lève la voile ; les rameurs respirent, et, bercés par la vague grossissante, nous voguons au gré du vent. La force du vent viendra-t-elle à cesser, il faudra reprendre les rames et ainsi de suite. Une fureur de courage prendra-t-elle les rameurs, ce sera une véritable mécanique qui jouera des rames sous un soleil de plomb répercuté par l'eau. Sans abri, nos nègres, le corps presque nu, soufflent, suent, chantent, se détendent les nerfs, font des contorsions avec les bras, avec la tête, et malgré cela, ne cessent pas la cadence de leurs chants et de leurs mouvements. Cependant tout a une fin. Il n'est pas facile, dans une semblable embarcation, de coucher en pleine mer et de s'exposer à la fureur des vagues du lac. On s'approche du rivage et on débarque.

" En se tournant vers le lac, on aperçoit bientôt comme de longues poutres qui se balancent à la surface de l'eau. Ce sont de longs crocodiles, dont plusieurs mesurent cinq et six mètres. Un immense rocher semble parfois sortir de l'eau et disparaît pour revenir ensuite. C'est un hippopotame qui vient respirer et se retire ensuite avec un grognement sourd, qu'on entend d'assez loin. Les sauvages de la côte viennent à leur tour saluer les Blancs, et, la plupart du temps, le chef apporte une chèvre et des fruits, demandant à faire *rafihi* (amitié) avec les Blancs. Ce n'est plus notre tour d'admirer, car il n'y a rien de bien curieux dans la personne d'un sauvage ; c'est nous qui sommes un spectacle aux indigènes : " Vois comme ils sont blancs ! " Comme ils ont le nez fait ! Vois ces barbes ! Et de " l'étoffe, en ont-ils pour se couvrir ! On ne leur voit " que la figure et les mains ! " Tout cela est entremêlé de rires ineffables.

" Cependant il faut prendre du repos ; la nature grandiose qui nous entoure, avec ses merveilles sur les bords du lac, nous inspire une prière particulière en l'honneur de Dieu qui a tout fait. Après cette action de grâces du plus intime de notre cœur, nous disposons tout pour partir de grand matin. Remettre notre bateau à la mer, le charger, est l'affaire d'un instant ; après quoi nous recommençons la même histoire que la veille. "

L'action des Missionnaires. — L'esclavage. — Racheter du double esclavage des hommes et du démon les pauvres petits enfants nègres arrachés par les impitoyables traitants à leurs parents et à leur pays, fut la première œuvre à laquelle s'adonnèrent de tout leur cœur nos missionnaires, dès leur arrivée au Tanganyka.

Le Cardinal LAVIGERIE.

Les élever dans la connaissance et le service de Dieu, les instruire pour se servir des plus capables, en temps opportun, comme auxiliaires de leur mission, les former tous au travail des champs ou à un métier utile dans le pays, puis, quand ils ont grandi, les marier convenablement dans des villages formés par eux à peu de frais, comme les prémices de chrétientés naissantes sous la direction paternelle de leurs sauveurs, bien que jouissant de leur liberté, telle a été, telle est et telle sera l'occupation constante des Pères du Tanganyka : c'est le moyen par excellence dont ils se servent, soit pour attirer à eux et à leurs prédications de l'Évangile et du bon exemple les adultes des villages environnants, soit pour remédier aussi peu à peu à la plaie hideuse de la polygamie, et amener ces malheureux sauvages à la vérité, ainsi qu'à la pratique des commandements de Dieu et de l'Église.

L'esclavage se fait ici en grand ; on ne tient aucun compte, à cet égard, des prohibitions faites à la côte orientale d'Afrique. C'est, sur une vaste échelle, la chasse et l'asservissement, la dégradation et la destruction de l'homme par l'homme. Tel est le navrant spectacle dont nos missionnaires du Tanganyka ne sont que trop souvent les témoins affligés et impuissants.

Entre bien d'autres horreurs, qui vous ont été dépeintes dans leur réalité et sous des traits si émouvants par notre illustre Fondateur et Père, le cardinal Lavigerie, surtout dans son mémorable rapport à la S. C. de la Propagande au sujet de la création de nos missions de l'Afrique équatoriale, comme confirmation de ce qui vous a été dit de plus lamentable, voici quelques nouveaux détails dont le Père Dromeaux a été le témoin oculaire dans un voyage à Oujiji, après une de ces chasses abominables faites par les Wangouanas au nord du Lac, dans l'Ouroundi, là même où les vénérés Pères Deniaud et Augier, l'année précédente, étaient tombés victimes de leur dévouement pour ces pauvres sauvages.

" J'ai été bien douloureusement impressionné, dit ce Père, à la vue de ces milliers d'esclaves exposés comme une marchandise à la convoitise des acheteurs. En peu de jours, une mort prématurée a fait de grands vides dans leurs rangs. Des femmes riches autrefois, portant encore des débris de leurs parures, parcourent aujourd'hui les sentiers d'Oujiji, traînant de longues chaînes et faisant les fonctions de terrassiers ou d'aides-maçons. Plusieurs que j'ai reconnues pour être venues autrefois à notre habitation de l'Ouroundi nous vendre du lait ou des légumes, sont là mises à l'encan ; si elles refusent d'obéir aux ordres qui leur sont donnés, une mort instantanée les attend. Des enfants sont massacrés devant les yeux de leurs mères, et si vous demandez raison de ces atrocités à leurs maîtres barbares, ils vous répondent avec un diabolique dédain :

— Nous ne pouvons les vendre ! il restera toujours assez de ces petits chiens que nous ne voulons pas nourrir et qui, une fois grands, tenteraient de se venger ; puis il nous plaît de faire de la peine à leurs mères en les égorgeant ainsi sous leurs yeux !

Peut-on envisager rien de plus affreux !

Ah ! quand donc ces malheureux seront-ils mis à l'abri de cet infâme trafic dans le bercail du bon Pasteur sous la protection efficace de la croix ! C'est là notre œuvre de tous les jours, c'est l'œuvre de toutes les personnes charitables qui viennent par leurs aumônes à notre secours. Car, dès le jour où nous aurons converti tous ces peuples à la vraie foi, ce hideux esclavage sera aboli.

Les superstitions des nègres du Tanganyka. — Aux yeux des nègres, ni les maladies, ni les décès, ni les accidents de tout genre, ni aucun fait un peu extraordinaire, n'arrivent naturellement ; en tout cela, ils croient voir une cause secrète, un sort, une malveillance de la part de leurs ennemis, et souvent ils se mettent à la recherche du prétendu coupable par des épreuves terribles, dont les plus usuelles sont celles du poison ou du feu ; pour eux, si l'accusé est innocent, il résistera à cette épreuve ; sinon il périra, et ce sera une preuve irrécusable de sa culpabilité.

Chaque tête de cap qui s'avance un peu en mer, chaque îlot séparé du rivage de quelques mètres, sont appelés par les sauvages Mzimou. C'est là, disent-ils, l'habitation d'un esprit plus ou moins redoutable, suivant sa puissance et ses hauts faits, que l'on rapporte comme étant arrivés aux voyageurs. Ces esprits président à la mer, accordent aux navigateurs un voyage plus ou moins heureux, suivant la valeur des présents qui leur sont offerts. Dans la barque que nous montions, il y avait un enfant d'une douzaine d'années, voyageant pour la première fois sur le lac. Comme, en passant devant chaque cap, on lui faisait boire de l'eau qui lui était présentée découlant d'un rame, nous demandâmes aux bateliers ce que cela signifiait : "Ah ! répondirent-ils, c'est pour le rendre l'ami des Wamzimous."

A une étape de Moulouéva à Oujiji, se trouve un rocher habité, disent les nègres, par un esprit très redoutable. Aucun d'eux ne consentirait à aller pêcher la nuit avec une lumière auprès de ce rocher ; il serait irrésistiblement attiré par l'esprit et englouti dans l'onde, car il a dit malheur à qui le réveillera. Quand il fait jour, il permet cependant qu'on approche sa barque pour prendre du poisson. Au milieu du fourré épais qui couvre la crête du rocher, nous entendons chanter un coq. Les nègres nous disent que ce coq a été placé là par les voyageurs pour apaiser le Mzimou et le rendre favorable.

Le Victoria Nyanza. — Passons maintenant du Tanganika dans le Victoria Nyanza : 300 kilom. séparent ces deux lacs. Pas plus que les eaux du premier, les eaux du second ne sont sillonnées par les bateaux à vapeur ; ils n'y sont représentés que par un petit steamer construit sur les bords de la Tamise, et porté à grands frais à travers l'Afrique par les missionnaires anglais. C'est donc encore aux vieilles pirogues que nous devons avoir recours pour naviguer sur le Nyanza.

Vers le sud, elles ne sont le plus souvent qu'un énorme tronc d'arbre creusé en forme d'auge, et parfois agrandi par deux planches grossièrement travaillées, et plus grossièrement encore fixées à ses bords.

Dans la région du nord, au contraire, les pirogues sont construites avec un certain art. Leur quille, taillée dans un tronc d'arbre, est arrondie à l'extérieur. Ses deux extrémités se relèvent légèrement pour se terminer en pointe.

Deux planches, ordinairement très larges, se fixent de chaque côté de la quille : ce sont les flancs de l'embarcation ; elles supportent deux autres planches, qui en forment les bords; les bancs des rameurs se disposent transversalement au nombre de huit à quinze. Aucun clou, aucune cheville n'entre dans leur construction. Le tout est cousu ensemble par des câbles faits d'herbes et d'écorces, passés dans des trous pratiqués dans le bois avec un fer rouge. A l'avant, la quille se prolonge et soutient une pièce de bois qui se redresse, semblable au long cou d'un oiseau aquatique gigantesque. Son extrémité est ornée de deux cornes d'antilopes ou d'un bouquet de plumes, et reliée à la proue par une sorte de large frange d'herbes fines imitant la crinière du cheval.

Pour le calfatage, on se sert de l'écorce du bananier, et les rameurs ne s'embarquent jamais sans en emporter une bonne provision, pour boucher les voies d'eau qui pourraient se produire dans la traversée. L'extérieur de l'embarcation est peint avec une couleur rouge qui a la propriété de conserver le bois.

Les constructeurs ne connaissent ni la scie, ni le rabot, ni la tarière; une petite hache, une sorte d'herminette, une pointe de fer, sont à peu près les seuls instruments qu'ils emploient. Cependant leurs pirogues, toutes primitives qu'elles sont, ne manquent ni d'élégance ni de solidité. Elles sont parfaitement équilibrées ; je les ai vues plusieurs fois se jouer de la fureur des vagues. Ce n'est pas à dire toutefois que l'équipage n'a d'autre emploi que celui de vider sans cesse la barque avec un grand vase en bois.

Avant Mtésa, au dire des nègres, ces pirogues n'avaient jamais atteint le sud du Nyanza ; on assurait même que, de ce côté, le lac était une mer sans rivage. Mais, depuis quelques années, elles transportent plusieurs fois par an à Kaguéïé les commerçants arabes et leur ivoire, et reprennent le chemin de l'Ouganda, amenant les voyageurs qu'elles y rencontrent. Elles ne s'aventurent jamais au large ; mais, longeant la côte, elles gagnent chaque jour le rivage après cinq ou six heures de navigation. Alors voyageurs et rameurs

Sur la ROUTE des GRANDS LACS. — Caravane de missionnaires en
marche dans une forêt.

descendent ; la barque est déchargée et bientôt poussée à terre.

Dans les longues traversées, les pirogues ne voyagent jamais isolées, mais en flottilles de cinq ou six, et plus souvent de vingt, trente ou quarante. Chacune d'elles a de huit à vingt rameurs. L'usage des longues rames s'appuyant sur les bords de la barque est inconnu ; on se sert de pagaies, en forme de pelles pointues, et le pilote n'a d'autre gouvernail pour diriger sa barque. Les pagayeurs rament avec ensemble et, le plus souvent, en chantant des airs dont la monotonie se confond avec le mouvement uniforme des rames. Ces airs paraissent pourtant les charmer, et l'artiste qui fait le solo reçoit de chaleureuses félicitations.

— Comme tu chantes bien ! lui disent ses compagnons ; nous te félicitons de tout notre cœur.

Le chantre se garde bien de décliner le compliment et répond :

— Vous avez raison, je chante à ravir.

Avec le beau temps quinze jours suffisent pour se rendre de Kaguéïé à Ntébé, port de Roubaga, capitale de l'Ouganda. Mais, avec la tempête, l'équipage ne veut jamais se risquer sur le lac, et le voyage peut alors durer plus d'un mois.

Le Royaume de l'Ouganda.—L'Ouganda, ou, pour parler comme les indigènes, le Bouganda, s'étend au nord et au nord-ouest du Nyanza. C'est le plus beau pays que l'on rencontre depuis Zanzibar : collines verdoyantes, frais vallons, plaines fertiles, partout la végétation luxuriante des régions équatoriales, avec ses hautes herbes et ses arbres gigantesques ; çà et là, des nappes d'eau bordées de forêts de roseaux et de papyrus : c'est véritablement le séjour de l'éternel printemps, et, durant toute l'année, à côté des fruits mûrs, les fleurs étalent leurs vives couleurs et répandent les parfums les plus suaves.

Le climat est loin d'être de feu comme dans le Sahara. La température, à peu près la même durant toute l'année, varie dans la journée de treize à trente-trois centigrades, limites extrêmes qu'elle ne dépasse pas.

Les indigènes distinguent deux saisons de pluies, correspondant aux équinoxes ; elles durent chacune plusieurs semaines : les pluies sont alors fréquentes sans être continuelles. Généralement la pluie tombe par fortes averses de deux ou trois heures, et il est rare de voir une journée entière de mauvais temps.

En dehors de ces deux saisons, il pleut assez souvent, et c'est ce qui explique en partie la richesse de la végétation, que favorise aussi un terrain rouge des plus fertiles.

La principale culture du pays est celle du bananier. Autour de chaque habitation s'étend une grande bananerie, où le Baganda puise toute l'année ; il n'a pas d'autre provision.

Il y a plusieurs espèces de bananes : les unes se mangent vertes ; on les pèle et on les cuit dans une immense marmite en terre, préalablement tapissée à l'intérieur de grandes feuilles de bananier. Ainsi préparées, les bananes ressemblent à des pommes de terre écrasées et prennent le nom de *mméré*, mets favori du Baganda. Cette nourriture est des plus saines et, sans valoir le pain, peut au besoin le remplacer, sinon le faire oublier.

D'autres, plus longues, ayant la forme d'un croissant, sont, après avoir été cueillies, conservées durant quelques jours, en attendant qu'elles jaunissent. C'est alors le moment de les manger. Grillées sous la cendre ou auprès d'un brasier, elles sont d'un goût exquis et pourraient figurer avec honneur sur une table européenne. Ces bananes sont appelées *gondja*.

Une troisième espèce, la *bidde,* sert à fabriquer la boisson désignée sous le nom de *muengué,* ou vin de banane.

Le régime de bidde coupé, on le laisse jaunir ; puis on jette les bananes pelées dans une grande auge en bois, en y mêlant une certaine quantité d'herbes fines. On pétrit le tout avec les mains ou les pieds ; on y verse un peu d'eau, et peu à peu la pulpe s'attache à l'herbe. Le liquide séparé est recueilli dans de grandes calebasses. C'est le *moubissi* (le doux). Il ressemble à de l'eau sucrée aromatisée. Plusieurs Baganda se contentent de cette boisson ; mais le plus grand nombre préfèrent le mouengué, qui n'est autre chose que le moubissi fermenté. Pour faire entrer le moubissi en fermentation, on y mêle une bonne quantité de sorgho rouge grillé. La fermentation commence au bout de quelques instants, et dure deux ou trois jours. On passe enfin la liqueur à travers une couche d'herbe, et on peut la boire. Son goût a quelque rapport avec celui du cidre. C'est le nectar des Baganda. Ils n'en abusent cependant pas, il est rare de voir un homme ivre.

Les grands personnages du royaume se font accompagner d'un esclave portant une petite calebasse de la précieuse liqueur. Un long tube artistement travaillé, recourbé à son extrémité supérieure (à la manière de certains tuyaux de pipe), plonge dans le liquide. Tout en conversant avec ses amis, le *moami* aspire quelques

gorgées du mouengué pour se réjouir le cœur et s'illu-
miner l'esprit. Le Baganda ne tire pas seulement du
bananier sa nourriture et sa boisson préférées; cet arbre
précieux lui fournit encore ses fraîches et larges feuilles
pour lui servir d'assiette et de coupe, son écorce pour
envelopper café, tabac, beurre, haricot, etc., etc. ; il en
fait aussi des liens. Les racines sont une dernière res-
source dans les temps de disette. Le bananier est donc
comme l'arbre de vie du Bouganda, aussi les indigènes
ont-ils de la peine à comprendre qu'on puisse vivre dans
un pays qui en est privé, et, dans leurs pérégrinations
à travers des contrées moins fortunées, ne cessent-ils
de se plaindre et de soupirer après le jour où ils rever-
ront l'arbre aux larges feuilles, et son délicieux *mméré*.

Outre le bananier, on cultive dans le Bouganda les
patates douces, le maïs, le manioc, une grande variété
de pois et de haricots, le tabac, le sorgho rouge, etc...
Le café y pousse presque sans culture. Les indigènes en
font tremper les graines dans de l'eau bouillante, et les
emportent en petits paquets dans leurs voyages ; elles
sont pour eux comme des bonbons qu'ils savourent avec
délices.

Le Bouganda possède la plupart des animaux domestiques d'Europe. La poule, désignée sous le nom de

nkoko, se rencontre autour de toutes les maisons ; elle est très petite. La chèvre a le poil court et fin, s'engraisse facilement, et fournit une viande excellente ; mais elle ne donne que peu de lait, et les indigènes n'ont jamais songé à la traire. Le mouton se distingue par sa grosse queue, énorme boule de graisse qu'on utilise pour la cuisine. La Providence ne l'a pas chargé d'un habit qui lui eût été inutile sous le doux ciel de l'Ouganda, et, au lieu de laine, lui a donné un poil d'un pouce de long à peine. Le chien à l'instinct peu développé et aboie rarement. Les Baganda s'en servent surtout pour la chasse. Le roi des animaux domestiques, aux yeux des indigènes, est le bœuf. Ils en élèvent de nombreux troupeaux, dont le soin est confié à une caste particulière connue sous le nom de Baïma ou Batousi. Ces Baïma sont un peuple pasteur répandu dans toutes les tribus qui avoisinent le lac. De tous les noirs, ce sont ceux qui, par le type, se rapprochent le plus de la race caucasique ; quelques-uns même sont plutôt jaunes que noirs. Les bœufs du Bouganda ont au-dessus des épaules une bosse charnue plus ou moins grosse. Avec cette particularité qui leur est commune, ils semblent se diviser en diverses races : les uns manquent complètement de cornes ; d'autres en ont de très petites ; quelques-uns, d'énormes sans aucune proportion avec leur taille. Le Baganda n'a pas encore essayé d'utiliser la force d'un bœuf pour les travaux domestiques ; il ne demande à ses troupeaux que la viande, dont il est friand, le lait, qu'il fait aigrir avant de le boire, et la peau, qui lui sert de vêtement.

Le plus remarquable des animaux sauvages du Bouganda est sans contredit l'éléphant, qu'on a appelé avec raison le géant de la faune africaine. Malgré la guerre acharnée qui leur est faite, les éléphants, au dire des indigènes, sont encore nombreux dans le pays. Ils se réunissent en troupes, cachées durant le jour dans l'épaisseur des forêts. La nuit, ils sortent de leurs retraites, ravagent sur leur passage toutes les plantations et deviennent un véritable fléau. Heureusement une seule défense de ce voisin incommode dédommage de bien des pertes. On en trouve du poids de soixante-dix kilogrammes, que l'on vend à la côte plus de deux mille francs. Le roi du Bouganda, assure-t-on, a dans ses magasins plusieurs milliers de ces défenses.

On rencontre aussi dans le Bouganda le rhinocéros à une et à deux cornes, le buffle, le zèbre, une grande variété d'antilopes et de gazelles, plusieurs sortes de lapins, des rats, des souris, etc.

Lions, éléphants, léopards et hyènes abondent dans les jungles et les forêts. Mais, comme ils ont à leur portée quantité de gibier, il est rare qu'ils s'attaquent à l'homme. Le chacal fait de grands ravages dans les plantations de maïs, et le chat sauvage est la terreur des poulaillers.

Parmi les nombreux oiseaux, nous nous contenterons de citer la caille, la perdrix, la pintade, le canard et l'oie sauvages, qui abondent aux environs du lac.

Mœurs et coutumes des habitants de l'Ouganda. — Les Baganda abandonnent aux femmes, surtout aux plus âgées, le soin de leurs cultures. Munies pour tout instrument d'une pioche légère ficelée à un manche court qu'elles manient de la main droite, tandis que la gauche égalise le sol et ramasse les herbes, elles continuent leur travail jusqu'à midi sans prendre aucune nourriture. Alors elles se retirent dans leur hutte, et le soir est consacré aux soins du ménage.

Les huttes du pays se trouvent généralement au milieu des bananeries. Quelques poteaux, des roseaux, des papyrus et de l'herbe suffisent à leur construction. Elles sont de forme conique : le toit descend jusqu'à terre, et les herbes qui le recouvrent, disposées avec art par des ouvriers spéciaux, garantissent entièrement l'intérieur et de la pluie et du soleil. Inutile de dire que fenêtres et cheminées n'entrent point dans le plan de nos architectes. Les cases ordinaires n'ont d'autre ouverture que la porte, au-dessus de laquelle le toit se prolonge pour former un petit portique. C'est par la porte que pénètrent l'air et la lumière, et, comme si les habitants en étaient incommodés, ils les interceptent par des cloisons de roseaux, qui laissent dans l'obscurité la plus grande partie de la hutte. Derrière ces cloisons se trouve le foyer, un simple carré formé par quatre troncs de bananiers et hérissé de grosses pierres qui servent de supports aux marmites. Quant à la fumée, tournoyant dans la case, elle finit par s'ouvrir un passage à travers l'épaisse toiture. Le sol de la hutte est recouvert d'une couche d'herbes fines, qui sert de tapis, de siège et souvent de lit. Quelques marmites de terre, quelques jarres pour puiser l'eau, des calebasses, des amulettes, constituent tout le mobilier de la maison.

La résidence des personnages importants se compose d'un grand nombre de cases, construites avec soin, spacieuses, et s'ouvrant sur des cours, qu'entourent des palissades de roseaux.

Avant l'arrivée des commerçants de la côte du Zanguebar, qui n'ont pénétré dans le pays que depuis une trentaine d'années, le costume des Baganda était aussi primitif que leurs habitations : il consistait en étoffes d'écorce d'arbre et en peaux préparées. L'étoffe d'écorce d'arbre ou *loubougo* est fabriquée avec l'écorce d'une espèce de ficus très commun dans le pays. Par des incisions, on l'enlève d'une seule pièce, et elle renaît bientôt sous une enveloppe d'écorce de bananiers, que les nègres ont soin de lui substituer. L'écorce détachée est trempée dans l'eau, puis battue avec un maillet sur une sorte d'établi à petites rainures. On obtient ainsi des pièces d'étoffe rougeâtre d'environ quatre mètres de long sur deux de large, d'assez belle apparence et qu'on prendrait pour de véritables tissus ; elles sont loin toutefois d'en avoir la solidité. La moitié d'une pièce suffit pour un habit. Les femmes s'en enveloppent comme d'un manteau, tandis que les hommes le portent sous forme de large écharpe nouée sur l'épaule gauche.

Ils remplacent assez souvent le loubougo par des

peaux de bœufs, d'antilopes, de chèvres et de léopards, qu'ils nouent de la même manière. La finesse et la souplesse sont les qualités qu'on cherche à obtenir dans la préparation de ces peaux, dont quelques-unes sont en réalité fort belles. Je me souviens d'avoir vu des manteaux composés de plusieurs peaux de chèvres fine-ment cousues ensemble, qu'on aurait pris pour des manteaux de mousseline blanche.

Les Baganda vont généralement pieds nus. Ils fabri-quent, il est vrai, avec la peau du buffle, des sandales élégantes ; mais les grands seuls portent cette chaus-sure, dont ils se dispensent même bien souvent. Pour la tête, ils aiment à l'entourer de deux coudées de cotonnade; mais, comme le plus grand nombre ne peut s'offrir ce luxe, ils vont tête nue par le soleil le plus ardent, sans avoir l'air d'être incommodés.

Ils sont plus sobres d'ornements de perles, de cuivre, de fer que les autres nègres. Les grands se contentent le plus souvent du collier, insigne de leur dignité, et de simples bracelets et anneaux aux jambes; quelques amulettes complètent le costume. Ils se distinguent aussi par leur propreté, se lavent fréquemment, et, n'usant du suif ou du beurre que pour rendre leur peau plus luisante, ils n'exhalent pas l'odeur repoussante des nègres du sud du lac.

Le costume que je viens de décrire est le costume national. Depuis quelques années, il est vrai, les étoffes apportées de la côte tendent à remplacer peaux et loubougo. Mais, tant que les communications ne seront pas plus faciles, ceux qui pourront, des pieds à la tête, s'habiller d'étoffes, formeront la minime exception : à moins qu'ils ne se mettent eux-mêmes à fabriquer des tissus, ce qui leur serait assez facile, le coton poussant à l'état sauvage dans leur pays. Il suffirait donc de leur apprendre à en tirer parti, et on y arriverait sans peine, grâce à leur adresse naturelle.

Cette adresse paraît dans les produits de leur industrie, qui, toute rudimentaire qu'elle est, est de beaucoup supérieure à celle du plus grand nombre des tribus que nous avons visitées. A la fabrication du loubougo et à la préparation des peaux, ils joignent le travail du fer, dont ils tirent couteaux, hachettes, pioches, lances et ornements divers. Le feu de leurs forges est entretenu avec du charbon de bois, et activé à l'aide d'un soufflet à courant continu assez ingénieux en usage dans le pays de temps immémorial. Le fer rougi est retiré avec des pinces de bois, qui, on le comprend, doivent être souvent renouvelées ; on le bat sur une enclume de granit avec une sorte de pilon de fer. Les forgerons sont nombreux dans le pays ; ce sont eux qui travaillent le cuivre apporté par les commerçants, pour en faire des bijoux.

Nous signalerons, en passant, les boucliers de forme ovale faits avec des planchettes d'un bois léger, habilement recouvertes de minces lanières de rotin, les cannes et bâtons aux formes variées, polis avec les feuilles rugueuses d'une plante indigène.

La poterie est fabriquée avec la terre provenant des fourmilières des termites, vraies citadelles de plusieurs mètres d'élévation. Elle consiste en marmites hémisphériques, parfois très grandes, en jarres pour conserver l'eau, en écuelles et coupes de toute forme et de toute grandeur, en pipes, etc. Ces divers objets, bien travaillés, sont peu solides faute de cuisson suffisante; car le four et tout ce qui lui ressemble est encore inconnu dans le Bouganda.

Remarquable par la richesse de son sol et la perfection relative de son industrie, le Bouganda se distingue aussi par sa forme de gouvernement. Contrairement à ce qui se voit dans la plupart des tribus de l'Afrique équatoriale, où l'autorité du chef est trop souvent peu respectée, ici tout plie sous la main du monarque, ou Kabaka en langue indigène. Il est le maître absolu de la terre et de tous ceux qui l'habitent, et peut en disposer à son gré sans que personne y trouve à redire. Quand, à notre arrivée dans ses États, nous le priâmes de nous assigner un endroit pour nous y établir, il fit donner l'ordre à ceux qui avaient leur case dans la bananerie qu'il voulait nous céder, de se retirer sans retard et de nous abandonner habitations et cultures. Une pareille mesure nous paraissait bien dure, et nous aurions voulu dédommager ces pauvres gens. Mais on nous fit remarquer que ce serait faire injure au roi de regarder comme lésés ceux qui cédaient la place à ses hôtes. De fait, ils se retirèrent sans proférer la moindre plainte, ayant l'air de trouver tout naturel l'ordre qui leur était intimé.

Le royaume est partagé en grandes provinces qui se composent elles-mêmes de plusieurs districts, divisés à leur tour en cantons. Les chefs qui, revêtus de titres variés, gouvernent les provinces, les districts et les cantons, sont créés par le Kabaka et dépouillés, quand bon lui semble, de leur charge et de leur grandeur. La hiérarchie gouvernementale se trouve ainsi parfaitement organisée, et l'on peut dire à la lettre que le roi tient dans sa main les rênes du pouvoir.

La royauté est héréditaire. Mais, parmi les enfants du Kabaka défunt, les grands choisissent celui qui leur convient ; et s'il y a désaccord, ce qui n'est pas rare, la mort du monarque est suivie de troubles et de guerres intestines.

La résidence royale porte le nom de Kibouga. Assez souvent, pour une raison ou pour une autre, surtout pour se soustraire à l'influence des mauvais génies, le roi change de résidence. De là vient le désaccord des voyageurs sur le nom de la capitale. A notre arrivée, Mtésa habitait sur le penchant de la colline appelée Roubaga. Plus tard les sorciers lui dirent que, pour guérir d'une maladie dont il fut atteint, il devait porter ses pénates au sommet de la colline, ce qu'il fit à l'instant. Une année après, le kaoumpoulé, sorte de choléra foudroyant, s'étant déclaré, et une dame de la cour étant tombée morte à ses côtés, Mtésa, sur l'avis des sorciers appelés en toute hâte, se fit transporter, au milieu de la nuit, sur la colline de Namoulagala, ancienne résidence de son père Souna. Toute la nuit, les tambours royaux firent le plus grand vacarme pour annoncer au public que la capitale était changée, et pour

NUBIE. — La mission catholique de Berber ; d'après une photographie.

inviter les grands à venir s'établir aux environs de la nouvelle Kibouga. Le roi dut se contenter, durant les premiers jours, de quelques vieilles huttes délabrées. Mais des milliers d'ouvriers, appelés de tous les coins du royaume, eurent bientôt tout rajeuni.

La résidence royale, y compris les maisons des reines et de leurs servantes et celles des serviteurs du roi, ne compte pas moins de quatre ou cinq cents huttes, dont quelques-unes ont plus de vingt mètres de diamètre. Dans celles qui précèdent la hutte royale, se trouvent de petites huttes recouvertes de peaux de bœufs, qui servent de logement aux soldats de garde.

Autrefois le guerrier baganda n'avait pour toute arme qu'un bouclier et deux énormes lances. Depuis quelques années, les fusils tendent à remplacer ces armes primitives, mais terribles autant et même plus que les baïonnettes françaises. Le Baganda, habile à manier la lance, peut, en effet, percer un homme de part en part à plus de vingt mètres. Les guerriers allant au combat n'ont pour tout uniforme qu'une ou deux peaux de chèvres attachées autour de la ceinture ; ils se peignent le corps, y compris la figure, avec de la terre rouge et blanche, qui leur donne un aspect des plus fantastiques. Ils fondent comme une avalanche sur les villages qu'ils veulent emporter d'assaut, et ne reculent qu'à la dernière extrémité. On raconte d'eux de véritables traits de bravoure. Tel celui d'un jeune chef qui, voyant le roi Mtésa en danger, lui fit un rempart de son corps, et fut assez heureux pour échapper à la mort en sauvant la vie de son roi ; tel encore ce chef dont le corps d'armée, écrasé par le nombre, commençait à battre en retraite : " Les Baganda reculer ! s'écrie-t-il, que penseront de nous nos ennemis ? " et, en disant ces mots, il se précipite seul au milieu de la mêlée, et périt en vendant chèrement sa vie.

Les expéditions durent plusieurs mois, et presque toujours l'armée rentre poussant devant elle, comme témoins et récompense de ses exploits, des milliers de bœufs et de prisonniers de guerre. Le roi prend sa part du butin et distribue le reste. Les femmes et les enfants deviennent malheureusement, comme les bœufs, la propriété de ceux qui les reçoivent, et comme les bœufs, peuvent être vendus et revendus.

C'est là, on l'a dit bien des fois, la grande plaie qui ronge le monde, africain, plaie invétérée, qui ne pourra être guérie que peu à peu par notre sainte religion. Car elle seule apprendra aux noirs à s'aimer comme des frères, et à ne pas abuser de la force, même contre leurs ennemis. Jusqu'ici ils ne reconnaissent, en effet, pas d'autre droit international que la loi du plus fort, et toutes les horreurs de l'esclavage leur paraissent des usages très légitimes.

Ce n'est pas à dire cependant qu'ils soient privés de tout sens moral et de toute idée religieuse. Mais tout cela est fort confus dans leur esprit, et la passion étouffe sans peine la faible voix de la conscience.

Quelles sont, au juste, les idées qu'ils ont du monde invisible, de la divinité, de l'âme, du bien et du mal ? Il serait difficile de le dire avec précision. Ce que nous pouvons cependant affirmer, c'est qu'ils admettent tous l'existence d'êtres invisibles, supérieurs à l'homme, qu'ils désignent sous le nom générique de *loubali*. L'un de ces esprits porte même le nom de Katonda, qui traduit assez bien le mot de Créateur.

Chaque génie a ses attributions particulières : les uns sont bons et ne savent que faire du bien aux hommes ; les autres, méchants, et c'est à eux qu'on attribue tous les maux qui affligent l'humanité. Chaque loubali a ses représentants particuliers parmi les sorciers qui prennent son nom, et prétendent être en rapport avec lui.

Les sorciers se distinguent par leur costume bizarre, qui n'est qu'un fatras de peaux de singes, de chats sauvages, d'amulettes et de calebasses. Ils ont horreur de l'étoffe et des objets européens. Plusieurs, soit par affectation, soit en réalité, gardent toute leur vie une voix d'enfant des plus fluettes.

Les Baganda les craignent ; ils achètent leurs conseils, remèdes et amulettes, ou s'efforcent de gagner leurs bonnes grâces par des cadeaux.

La croyance aux sortilèges est générale. Les maladies et la mort sont presque toujours imputées à quelque maléfice. Celui qui est accusé d'en être l'auteur est obligé d'établir son innocence, et, quand les épreuves auxquelles on le soumet, prouvent contre lui, de payer une forte amende, si même il n'est pas condamné à mort.

La mission.— Quatre vicariats apostoliques, confiés à la société des Missionnaires d'Alger, se partagent les territoires avoisinant les grands lacs de l'Afrique équatoriale. Ce sont les vicariats de Nyanza, du Tanganika, du Haut-Congo et de l'Ounyanyembé. Deux évêques et trente missionnaires donnent leurs soins aux nombreuses chrétientés fondées dans ces contrées ouvertes d'hier seulement à la civilisation chrétienne. Les héroïques apôtres ont déjà fait entrer dans le bercail du Bon Pasteur des milliers de nouveaux fidèles, et ils ont déjà reçu la plus belle récompense que pouvait ambitionner leur cœur. Le divin Maître a daigné choisir dans les rangs de leurs premiers néophytes toute une légion de confesseurs, qui ont cimenté de leur sang les fondements de cette Église naissante.

Ien peu nombreux sont les voyageurs qui ont mis le pied dans le cœur du royaume de l'Ouganda et dans l'espace qui avoisine le lac Albert.

" Dans ces régions peu fréquentées où tout crime demeure impuni, écrit un explorateur, fleurit et prospère la plus belle collection possible de gredins que l'on puisse trouver, y compris un certain nombre d'Européens, tous livrés soi-disant au commerce de l'ivoire et commandant à des bandes de brigands armés. Leur prétendu commerce consiste à enlever aux indigènes leurs femmes et leurs enfants, pour les vendre comme esclaves dans le Soudan, et à piller les troupeaux de bêtes à cornes, qu'ils échangent ensuite pour des défenses d'éléphants avec les tribus du voisinage. Le commerce du Nil Blanc peut se résumer en ce peu de mots : vol de troupeaux, chasse aux esclaves, incendies et meurtres. "

A Gondokoro seulement, à 1 500 kilomètres de Khartoum, on commence à se retrouver en pays civilisé, et encore !

En amont de cette ville, le grand fleuve coule entre

deux marges épaisses de roseaux-papyrus ; sa rive gauche est basse et marécageuse, la rive droite, au contraire, où viennent parfois chasser les habitants du Kidi et les Vouanyoro, s'élève en pente douce couverte d'arbres et de convolvuli disposés en guirlandes.

Des îles flottantes chargées de roseaux, de gazons et de fougères, se meuvent lentement à la surface du courant.

Des vingt missionnaires catholiques qui sont venus porter la parole de Dieu sur les bords du Nil Blanc, treize sont morts de la fièvre, deux de la dyssenterie, deux autres ont dû fuir avec une santé à jamais détruite. Les missionnaires cependant reconnaissent aux habitants du Bari un certain degré d'élévation morale, d'intelligence et de courage ; mais les nécessités de la vie matérielle, l'absence de toute autorité protectrice, l'insécurité du travail, qui engendre nécessairement la paresse, constituent des obstacles à peu près insurmontables.

Les missionnaires n'ont jamais eu à se plaindre des indigènes. Ceux-ci étaient même favorablement disposés pour les Européens jusqu'au moment où les trafiquants du Nil Blanc sont venus, par des atrocités sans pareilles, semer ici des ferments de haine et de

KORDOFAN. — Vue de l'église et de la mission d'El-Obéïd ; d'après un croquis du R. P. MARZANO.

vengeance. C'est à partir de ce temps, que les missionnaires, envisagés comme précurseurs de toutes ces abominations, ont vu leurs pieux efforts frappés d'une stérilité irrémédiable. L'oisiveté forcée à laquelle ils se trouvaient aussi condamnés, a plus fait que tout le reste pour décimer leur petite cohorte.

L'ancienne mission est donc ruinée. C'était un carré dont la grande entrée est tournée vers le sud ; les trois autres côtés étaient formés par l'église, les logements des missionnaires et ceux des employés et des ouvriers. L'ensemble a dû, dans des temps prospères, rappeler une jolie ferme de la Savoie ; mais la mission abandonnée n'est plus aujourd'hui qu'un amas de décombres. Les missionnaires en ont emporté toutes les ferrures, tous les objets mobiliers, et n'ont laissé qu'une grande croix dorée.

Non loin de Gondokoro, le village de Libo montre ses cabanes groupées sur un petit tertre découvert dominant à pic le Nil. Là se trouve la tombe du P. Angelo Vinco, courageux prêtre italien, qui fut le premier pionnier des missions chrétiennes au Nil Blanc et qui, forcé de quitter Gondokoro, vint mourir, le 23 janvier 1853, à sa résidence favorite de Libo, parmi les noirs dont il était adoré.

La chanson d'Angelo est encore aujourd'hui la ronde favorite des danseurs du fleuve Blanc.

Voici la traduction des premières strophes :

> Angelo ! Angelo !
> Va-t'en à Belegnân (Belenia).
> Il n'y a ici que maladies.
>
> Non, non, je suis bien ici !
>
> Va-t'en à Belegnân.
> Là il n'y a pas de moustiques.
>
> Non, non, je suis bien ici.
> Vive, Vive Angelo !

A son passage à Sibo, M. Lejean demanda à voir la tombe de cet homme de cœur. Les nègres le menèrent hors du village, sur un petit terrain couvert d'une plantureuse végétation de chardons ; ils en firent le tour, examinèrent divers endroits avec un visible embarras, et finirent par dire : " Il est enterré là quelque part, mais nous ne savons pas au juste où. " C'était pourtant pour l'amélioration matérielle et morale de ces gens-là que le jeune apôtre était venu de Venise mourir dans les steppes du fleuve Blanc.

Khartoum. — Cette ville est sortie de pied en cap du puissant cerveau de Méhémet-Ali. En 1820, quand

Caillaud aborda sur cette plage sablonneuse, il y vit quelques huttes dont il ne donne pas même le nom. Vers 1830, des Européens qui passaient là y trouvèrent une cabane de pêcheurs.

Méhémet-Ali saisit avec le coup d'œil rapide du génie, le parti que l'on pouvait tirer de cette position, presque unique au monde, au confluent des deux grandes artères qui se disputent le nom illustre du Nil, et il y jeta les bases d'une ville qui prit le nom de la pointe voisine, *Ras el Khartoum,* " le bout de la trompe ".

La ville grandit vite. En 1830, une hutte de pêcheurs; en 1837, selon Holroyd, quinze mille âmes : elle a plus que doublé les années suivantes. Méhémet-Ali s'y rendit lui-même pour activer cette grande création ; il en avait fait la capitale du Soudan. Les malheurs des dernières années ont arrêté son développement. Prise et saccagée par les troupes du Mahdi le 26 janvier 1885, Khartoum ne se relèvera qu'à la longue du coup funeste porté à sa prospérité.

Dans le magnifique établissement que les Pères de Vérone possèdent dans cette capitale, on montre les tombes du P. Ryllo et de l'héroïque Mgr Comboni, le véritable fondateur de cette jeune mission ruinée, mort au moment où, grâce à l'initiative de ce prélat, elle faisait concevoir les plus belles espérances. "

El-Obeïd et Mohammed Bey. — Un mot sur El-Obeïd, prise deux ans auparavant, le 18 janvier 1883. Cette capitale du Kordofan, qui comptait avant l'insurrection une population de 20,000 à 25,000 âmes, n'a pas soixante ans de date comme ville ; elle ne remonte guère, dit M. Guillaume Lejean, qu'à Mohammed Bey, le fameux gendre de Méhémet-Ali, conquérant du Kordofan vers 1820, et qui a trouvé le moyen, après une dictature semée de barbaries dont l'histoire du monde offre heureusement peu d'exemples, de rester populaire au Kordofan.

Voici, sans commentaires, quelques traits de sa vie :

Un sien jardinier lui avait servi une pastèque qui n'était pas assez mûre ; il le fit mener au marché et lui fit briser sur le crâne toutes les pastèques qui s'y trouvaient.

Un autre lui déplaît ; il le fait jeter à ses deux lions favoris, dans un coin reculé de son jardin. Les lions, repus et à demi apprivoisés, épargnent le pauvre homme, qui réussit à se construire une cabane avec quelques branchages et à vivre de fruits. Le gouverneur le rencontre au bout de huit jours et paraît fort surpris de le voir ; l'homme tombe à genoux et, croyant le toucher, lui explique le prodige. Les serviteurs émus murmuraient :

— *Safer Allah !* (Merveille de Dieu !)

— Merveille de quoi ? dit le maître. Cet homme est si mauvais que les bêtes mêmes ne veulent pas le manger ; mais moi je suis plus méchant que les lions.

En même temps il fait saisir et enfermer le malheureux dans une hutte à laquelle on met le feu.

Deux de ses serviteurs lui avaient demandé des souliers neufs à l'occasion de la fête de Beiram. C'est un usage général en pays musulman de faire un cadeau ce jour-là aux gens de service. " Vous voulez être chaussés ? dit le pacha ; vous allez l'être, mes amis, et solidement. " Puis il fait venir un maréchal ferrant pour ferrer à nu les deux malheureux.

Un soldat avait volé un mouton à un paysan ; le paysan avait été rossé en défendant son bien et vint se plaindre au préfet. Celui-ci était gravement occupé à attraper des mouches : c'était son passe-temps. Il laissa parler l'homme sans l'interrompre ; puis, quand il eut fini : " — Quel est ce chien, dit-il, qui vient me déranger pour une affaire de mouton ? Qu'on mène le coupable au juge de paix ! " Le plaignant ne demandait pas mieux, mais il changea d'avis en voyant le *juge de paix :* c'était un énorme canon toujours chargé qui décorait la cour de la préfecture. Le soldat fut lié à la bouche du canon malgré toutes ses protestations et lancé dans l'espace.

Le Bey, avons-nous dit, avait la manie des mouches ; aussi les gens du Kordofan, grands amateurs de sobriquets, l'avaient appelé *Abbou Dubban* (l'homme aux mouches). Il en faisait de petits tas sur son divan et n'aimait pas qu'on y touchât. Un jour qu'il s'était absenté quelques instants, il s'aperçut qu'on avait enlevé ses mouches. Il n'était entré dans la chambre qu'un serviteur nouvellement installé dans la maison. Il l'appela, et l'autre avoua qu'il avait nettoyé l'appartement et jeté dans la fosse d'aisance les mouches qu'il avait trouvées sur le divan.

— Ah ! tu as jeté dans la fosse les mouches de ton maître ! Eh bien, va me les chercher !

La fosse fut descellée et l'homme lancé dedans.

Nous ne raconterons pas d'autres traits plus connus, comme celui du soldat éventré pour cinq paras (trois centimes) de lait.

Tout alla bien jusqu'au jour où il plut à ce terrible homme de battre sa femme, la princesse Neslé, la fille du vice-roi. Méhémet-Ali fit servir à son gendre ce qu'on appelle un café *à l'égyptienne*, après lequel on a juste le temps de faire verbalement son testament.

. **La mission.** — Avant les derniers malheurs, les missionnaires de Vérone dirigeaient à Khartoum, à El-Obéïd, à Berber et chez les Noubas, des stations florissantes. Quand sera-t-il donné aux apôtres de la foi de relever toutes ces ruines ? C'est le secret de Dieu.

Une page de l'insurrection du Soudan. — Le P. Bonomi, l'un des missionnaires captifs du Mahdi, qui réussit à s'échapper au mois de juin 1885, a donné, à son retour en Europe, de bien curieux détails sur les diverses phases de l'insurrection.

Parmi les épisodes de son récit nous citerons le suivant, relatif au séjour à El-Obéïd du fameux Olivier Pain.

"Au milieu du mois d'août 1884, raconte le P. Bonomi, on amena un beau matin dans la cour de l'ancienne préfecture d'El-Obéïd, où étaient réunis les

R. P. Louis Bonomi, missionnaire de l'Afrique centrale ;
d'après une photographie.

chefs du pays, un Européen, accompagné de trois Arabes de la tribu des Albada, montés sur de magnifiques chameaux. L'inconnu avait l'air franc et ouvert, la démarche légère et assurée, la taille haute, le teint naturellement coloré mais bronzé par le soleil, la barbe et les cheveux blonds. Le bruit se répandit aussitôt que c'était un Français ; on ajoutait même que c'était un ministre ou un prince de cette illustre nation.

" Nous étions voisins de la maison du gouverneur. On vint me chercher en toute hâte pour servir d'interprète.

" Quand j'arrivai, l'Européen se tenait debout en face des chefs ; il était entouré d'une foule curieuse qui fixait sur lui des regards avides. On nous fit asseoir par terre selon l'usage, et le voyageur, tantôt seul, tantôt avec mon aide, commença son récit.

" On parvint à comprendre qu'il était venu de Dongola en treize jours, après avoir échappé aux Anglais.

" — Je m'appelle, dit-il, ou plutôt je m'appelais
" Olivier Pain ; car, au Caire, ayant embrassé l'islamis-
" me, j'ai adopté le nom d'Hassan. Je suis venu par la
" voie du fleuve. L'habit que je porte, je l'ai reçu en
" Égypte comme étant l'uniforme des partisans du
" Mahdi. Je m'étais chargé pour le Prophète de lettres

" de Ziber-pacha ; mais j'ai dû les détruire en route
" par crainte des Anglais. Je suis venu, ajouta-t-il,
" pour rendre hommage au Mahdi au nom du gouver-
" nement de mon pays et de tous les Français; la nou-
" velle de son glorieux avènement est allée jusqu'à
" eux, tous se sont donnés à lui et se sont déclarés
" musulmans. "

" Tout ceci, il le disait, ou, pour mieux dire, il le
donnait à entendre avec de grands efforts, en répon-
dant aux questions qu'on lui adressait et que je devais
lui répéter en français. Mais lui, sans doute pour
montrer qu'il était bien musulman de cœur, ne dai-
gnait pas me parler en français ; il s'adressait directe-
ment aux chefs mahdistes et se donnait une peine
incroyable pour s'exprimer en arabe.

" La séance terminée, il fut dépouillé de tout ce
qu'il avait sur lui ; on le relégua dans une cabane iso-
lée, et les Arabes qui l'avaient guidé à El-Obéïd furent
également dépouillés et placés séparément sous bonne
garde.

" Tout le monde me demandait quel était ce
monsieur et ce qu'il était venu faire. On s'accordait
généralement à le regarder comme un espion des
Anglais.

" Le lendemain, les chefs m'envoyèrent quérir de nouveau et me firent examiner le contenu d'un paquet. C'étaient quelques journaux de voyage, un dictionnaire arabe, le Coran traduit en français, plusieurs cartes, des lettres particulières et un passeport daté de l'année courante. Les chefs m'obligèrent à décrire minutieusement chaque objet, et je n'eus aucune difficulté à les satisfaire ; il n'y avait rien qui fût compromettant pour Olivier Pain. Ils prirent un intérêt spécial aux journaux de voyage ; ils étaient émerveillés d'y trouver leurs tribus avec leurs noms, leur population et quantité d'autres indications. Chose étrange, ils n'étaient pas rassurés sur le compte de ce Français. Ils continuèrent à le garder étroitement surveillé et séparé de ses compagnons : il leur semblait impossible qu'un Européen fût venu de si loin saluer la puissance de leur Maître et recevoir sa bénédiction. Si intraitable que soit leur orgueil, ils sentent invinciblement la supériorité des hommes du Nord, et ce sentiment se trahit malgré eux dans leurs paroles et leurs actions.

" Peu de jours après, Olivier Pain partit sous bonne escorte pour Rahad, et de là fut dirigé vers le fleuve sur Scial et Douen pour être présenté au Mahdi. J'ai su depuis, des Arabes qui l'avaient conduit, que le faux prophète lui avait fait un bon accueil, mais ne lui avait jamais rendu ni son argent ni ses effets. Il se contenta de lui faire donner un cheval, une lance et un esclave. Ainsi enrégimenté dans l'armée du Mahdi, Olivier Pain descendit le long du fleuve, à la suite de ce chef, dans la direction de Khartoum. Le but de son voyage au Soudan a toujours été pour nous un mystère ; sur ce point nous sommes réduits à des conjectures.

" A la fin du mois de novembre, deux beys, Slatin et Lupton, furent jetés en prison à Ondurman sur l'ordre du Mahdi. Craignant le même sort pour Olivier Pain, je demandai à différentes personnes ce qu'était devenu le Français. On m'apprit qu'il était mort. Plus tard, je m'inquiétai de lui à diverses reprises ; on me fit toujours la même réponse ; le seul détail que je recueillis fut qu'il avait succombé en se rendant à Ondurman. Quand j'arrivai au Caire, j'y rencontrai un Syrien de mes amis qui s'était enfui en même temps que moi de Khartoum. Il était au courant de tout ce qui s'était passé et connaissait tous les prisonniers de cette capitale. Il m'assura que la mort d'Olivier Pain avait dû survenir à Sciabarcia, village sur le fleuve Blanc entre Douen et Ondurman. Pris d'un violent accès de fièvre, il était tombé de chameau et avait été enseveli à l'endroit même de sa chute. Cette nouvelle, qui confirmait, en les précisant, mes précédentes informations, me semble l'expression de l'exacte vérité, car elle émane d'un témoin digne de foi et parfaitement informé. "

État actuel du vicariat du Soudan. — Forcés d'abandonner leurs fondations anciennes, les Pères de Vérone en ont ouvert de nouvelles à Scellal, près de la première cataracte du Nil, et à Souakim, sur la mer Rouge. Ils ont, de plus, recueilli au Caire, où le vicaire apostolique, Mgr Sogaro, a fixé provisoirement sa résidence, tous leurs pupilles du Kordofan qu'ils ont pu soustraire aux fureurs des mahdistes.

L'orphelinat de Souakim s'est accru dernièrement de trente enfants noirs, délivrés de l'esclavage par l'armée italienne.

L'accueil affectueux des Pères leur fit bientôt comprendre qu'ils entraient dans une maison où ils n'auraient pas à redouter de mauvais traitements. Les Pères ayant fait venir un chrétien qui parle leur langue, afin qu'il pût apprendre d'eux quelques détails, tous commencèrent à trembler, croyant qu'on voulait les revendre. Mais lorsque cet interprète les eut détrompés et qu'ils furent vêtus comme les autres orphelins, leur joie fut au comble.

" Tous ces enfants, au nombre de cent, sont, écrit le R. P. Schmitt, notre espoir pour l'avenir. Nous choisissons comme catéchistes ceux qui ont des aptitudes pour l'étude. Les autres deviendront de bons pères de famille et les chefs des villages chrétiens que nous pourrons former. "

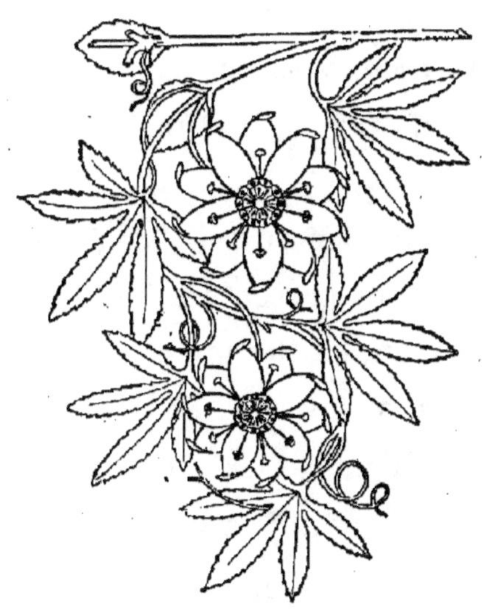

Aintenant nous allons, en suivant le cours du Nil Bleu, gagner la mer Rouge à travers la montagneuse Abyssinie.

Jusqu'à la formidable levée de boucliers du Mahdi contre l'Égypte, les tribus arabes cantonnées sur les rives du Nil Bleu vivaient dans une indépendance presque complète sous la direction de leurs cheïks héréditaires.

" Dans mon voyage au Nil Bleu, raconte M. Guillaume Lejean, je fus présenté à l'un de ces *meleks* (rois). Sade était un vrai gentilhomme arabe, qui me parut avoir soixante ans environ, et dont les yeux perçants et rusés rappelaient assez Méhémet-Ali ; du reste, l'idéal du chef oriental, généreux et impitoyable. Un jour, comme il faisait la guerre aux nègres de Tagolé, il défendit sévèrement à ses hommes de faire feu avant l'ordre, pendant qu'on exécutait un mouvement stratégique destiné à surprendre l'ennemi. Un soldat dés-

AFRIQUE CENTRALE. — Église et maison des missionnaires et des sœurs ; d'après un dessin du Frère Prado.

obéit. Sade, après l'affaire, fit rechercher le coupable et le condamna à être enterré vif. Les supplications de ses soldats le trouvèrent inébranlable, et la sentence fût exécutée ; mais, sur des prières réitérées avec force, il consentit à faire ouvrir la fosse à peine comblée. Il était trop tard, le malheureux était fou ! "

Aspect général du pays. — Qui a vu l'Abyssinie, admirera toujours et n'oubliera jamais cette Suisse africaine. Les hauts reliefs de son sol tombent en escarpements sur les rivages occidentaux de la mer Rouge, et s'abaissent en pente douce vers les déserts de la haute Égypte; ses larges terrasses s'échelonnent jusqu'à plus de 2.500 mètres d'altitude, et ses pics, dont quelques-uns s'élèvent à 2.000 mètres plus haut, s'ils avaient des neiges éternelles, seraient aussi beaux que nos géants des Alpes. Dans ces vastes plateaux sont creusées des gorges où coulent des torrents sauvages ; gonflés par les chutes d'eau des tropiques; ces fils des monts se sont taillé entre leurs berges des précipices que chaque orage rend plus profonds ; effroyables abîmes, qui souvent se transforment avec le temps en larges vallées parées de toutes les splendeurs de la végétation tropicale. Mais malheur à ceux que séduit et fascine cette opulente nature ! Là, sur l'étroit sentier, se roulent et se déroulent les anneaux du boa ; là, chasse le lion ; là, paît l'éléphant ; là, se tapit la pâle fièvre, morne réveil des songes d'Éden ; la nature n'y veut pas l'homme pour témoin de ses magnificences. Quel merveilleux pays cependant ! L'herbe, le roseau, montent plus haut que la tête du cavalier ; homme et monture s'épuisent à se frayer un sentier dans ce fouillis de verdure, à moins qu'un troupeau d'éléphants sauvages ne leur aient servi de pionniers. Une ombre éternelle attire au pied du tronc énorme des hauts sycomores aux vastes branchages, aux larges feuilles, au fruit tentateur. Ailleurs, c'est l'adansonia, pauvre en feuilles et en branches, arbre obèse au bois mou ; on est dans la forêt vierge : d'immenses troncs pourrissants ou pourris s'allongent sur la route.

Les indigènes. — L'Abyssinie des hauts plateaux est la véritable Abyssinie ; ses habitants appartiennent à plusieurs origines, mais le climat les a modelés sur un même type et en a fait un même peuple en face de l'étranger. Aux premiers siècles de notre ère, les Abyssiniens étaient une des nations les plus avancées ; le christianisme les mettait en relation, par le cours du

Nil et l'Égypte, avec le reste du monde romain : mœurs, droit, civilisation, tout les rattachait intimement aux autres nations de l'Europe méditerranéenne ; mais, depuis le jour où les progrès de l'Islam les ont isolés, ils sont restés au même point.

Au nord, là où les hauts plateaux s'abaissent par gradins pour s'abîmer enfin dans des plaines à perte de vue, habitent des nations musulmanes.

Il a fallu des siècles de lutte à l'Abyssinie pour sauver de ses ennemis du dehors sa civilisation et sa foi ; aujourd'hui son indépendance paraît hors de cause, mais elle doit craindre les ennemis du dedans, l'anarchie, la décadence des mœurs et de la religion.

Cette haute terre d'Éthiopie est pleine de cœurs d'or ! " Quand le vent du soir, dit un naturaliste allemand (¹), balaie les coteaux dénudés, qu'une pluie froide tombe des nues épaisses, le voyageur égaré peut frapper sans crainte à la porte de la première cabane, elle s'ouvrira pour lui. Entre, mendiant mort de froid! tu trouveras riant visage, feu clair, du pain et du lait chaud. "

Ce peuple a de la vaillance et du sentiment; il a aussi de la gaieté ; on chante beaucoup en Abyssinie, on y danse le jour et à la lueur des étoiles; des chants et des

---

1. M. Munziger, dans les *Mittheilungen*, année 1867.

Mosquée.   Maison de l'ancien gouverneur,   Consulat européen.   Marabout élevé
                    l'émir Abou-Beker.   Jetée construite par les Égyptiens.   sur le tombeau du santon.

AFRIQUE ORIENTALE. — Port de Zeylah, dessin de LANGELOT, d'après un croquis de Victor Baumann, chef mécanicien
français, à bord du *Mansourah*.

poèmes y célèbrent le héros, le conquérant, le tueur de lions; les noces, la joie et la douleur y trouvent leurs poètes, et le peuple chante en travaillant.

C'est un peuple ami du savoir. " L'histoire nationale est cultivée en Abyssinie sous forme de chronique ; le trésor théologique du pays se compose presque, exclusivement de livres ascétiques traduits du grec, mais les théologiens sont très forts en dialectique subtile; ils ont pour méthode de tout apprendre par cœur, et l'on trouve des gens qui vous réciteraient toute la Bible, de la Genèse au dernier mot de l'Apocalypse. Les discussions sur les sujets religieux sont la passion de ces Byzantins d'Afrique : soldats débauchés, grands seigneurs pillards, discutent avec une égale ardeur et avec le même sérieux sur les deux natures du CHRIST et la procession du Saint-Esprit ! "

La nature a fait payer ses faveurs à l'Abyssinie en la privant de voies de communications faciles, en découpant son sol en reliefs, aussi isolés les uns des autres par de formidables dépressions, que les îles d'un archipel peuvent l'être par les flots de l'Océan.

En outre, il manque à ce pays des fleuves navigables débouchant dans la mer Rouge, ou des plaines qui, se prolongeant par une pente douce et égale vers les rivages de la même mer, faciliteraient la marche des chameaux et le parcours des caravanes. Dans la saison des pluies, les rivières interceptent toute relation ; il faudrait un gouvernement ferme et stable pour ouvrir des routes et bâtir des ponts ; tandis que les rebelles et les brigands, qui trouvent leur salut dans l'inaccessibité de leurs repaires, détruisent, au contraire, les routes et font sauter les ponts que les Portugais établirent jadis sur les torrents. Sous un gouvernement fort et intelligent, le pays se prêterait à la construction de voies de communication, surtout du côté du nord, où le haut plateau s'abaisse par une pente aisée... Avec de bonnes routes facilitant l'action d'un pouvoir central, la paix renaîtrait, les soldats retourneraient à la charrue, et, en peu d'années, ce pays, grand comme la France, doublerait ses quatre millions d'habitants que déciment des guerres civiles sans fin ni trêve. Des provinces entières sont devenues désertes.

Religion. — L'Église schismatique d'Abyssinie a pour chef hiérarchique l'*abouna* (archevêque suffragant du patriarche d'Alexandrie), chef d'un pouvoir théocratique énorme, garanti par une constitution qui date du treizième siècle. C'est le patriarche d'Alexandrie qui,

non content de sacrer l'*abouna*, le désigne, ou, plu
exactement, le fournit au gouvernement abyssin con
un droit de *pallium* de sept mille talaris (40.000 fr.)

Dans une boutade d'humeur contre l'*abouna* actel,
une princesse, la célèbre Menène, alla jusqu'à dire

— Il est bien orgueilleux, l'esclave que nous aons
payé de notre bourse !

Le propos fut rapporté au fier pontife, qui neresta
pas court :

— Oui, c'est vrai, je suis un esclave, mis un
esclave de race, puisqu'on me paye quarant mille
francs. Ce n'est pas comme la princesse Meène : on
peut bien la mener au marché de Voehné, je éfie d'en
faire douze talaris.

La position de l'*abouna* schismatique en face du
négus est très singulière : ces deux pouvors rivaux,
dont l'un règne sur les corps et l'autre surles âmes, se
gênent, se contrecarrent, s'observent. Le oi, de temps
à autre, met *son père spirituel* aux arrîts dans une
forteresse, on dit même aux fers. Là l'*abouna* est
servi à genoux par des gens qui lui baisent les pieds,
mais qui ne l'en gardent pas moins serré pour cela.

Un jour, le pontife, à bout de patience, avait parlé
d'excommunier l'autocrate; celui-ci le fit tranquillement

AFRIQUE ORIENTALE. — Femme Galla.

enfermer dans une hutte de branches sèches et ordonna d'y mettre le feu, il était trop pieux pour porter une main sanglante sur l'oint du Seigneur. L'*abouna* se hâta de lever l'interdit avant que la torche n'arrivât, et n'a pas recommencé ce jeu périlleux.

En 1856, le patriarche schismatique d'Alexandrie, David, chargé d'une mission délicate de Saïd-Pacha, arriva en Abyssinie, hautain et superbe. Reçu intimement par le négus en tête à tête, il parla en maître. Le prince répondit par un sarcasme qui mit le prélat hors de lui, si bien qu'il lança l'excommunication majeure contre ce fidèle récalcitrant. Grande fut sa surprise de voir le négus tirer de sa ceinture un pistolet, l'armer, le pointer sur lui, et lui dire avec douceur :

— Mon père, donnez-moi votre bénédiction !

David tomba à genoux, et, de ses deux mains tremblantes, donna la bénédiction si éloquemment réclamée.

" Rien n'égale, dit M. Lejean, la dévotion passionnée des Abyssins pour la Vierge; c'est un des nombreux rapports que ce peuple singulier, enthousiaste et paladin, a avec un autre grand peuple, romanesque comme lui. Je veux parler des Polonais. Les missionnaires protestants, allemands et anglais ont imprudemment heurté ce sentiment national, l'une des formes les plus épurées du culte de la femme, si naturelles aux chevaleries chrétiennes. C'est là, je crois, la raison de leur insuccès en Abyssinie, où il est notoire qu'ils n'ont jamais fait un prosélyte. "

Les Lazaristes, admirablement secondés par les Filles de la Charité, ont, en peu d'années, ramené dans le sein de l'unité catholique plusieurs milliers de dissidents et créé de magnifiques chrétientés dans plusieurs villes.

Depuis que l'Italie a étendu son protectorat sur une grande partie du littoral de la mer Rouge, l'Érythrée, le Saint-Siège a attribué à des missionnaires capucins italiens, l'évangélisation de cette portion des terres éthiopiennes. Les Lazaristes ont conservé les royaumes de l'Amara, de Gondar, du Choa et du Tigré.

Souvenirs du négus Théodoros. — Les capitales des trois provinces de l'empire ont seules quelque importance: Gondar, Adoua, Ankobar. Chacune compte une dizaine de mille âmes. A 250 kilomètres de Gondar, se voit la ville forte de Magdala, où se joua, en 1868, le dernier acte de la lugubre tragédie qui décida du sort de l'Abyssinie et de son négus, le fameux Théodoros. Les Anglais avaient envahi le territoire et s'avançaient à grands pas. Il serait trop horrible de raconter en détail les atrocités commises par Théodoros le dernier mois de son séjour dans la province du Bégamider ; il suffit de dire qu'il brûla vivantes, ou condamna à quelque mort cruelle, plus de trois mille personnes dans ce court espace de temps! Parfois sa rage était si aveugle, qu'incapable de satisfaire sa vengeance en punissant ceux qui l'insultaient, il faisait éclater sa colère sur les quelques compagnons qui lui restaient fidèles.

Le 11 avril, Théodoros, désespéré, renvoya libres deux Anglais captifs depuis deux ans dans son camp, puis il s'assit sur une pierre la tête entre ses mains et se mit à pleurer. Ras-Engeddah lui dit alors :

— Êtes-vous une femme pour pleurer ? Rattrapons ces hommes blancs, tuons-les et fuyons, ou combattons et mourons.

Théodoros lui répondit d'un ton de reproche :

— Ane que vous êtes, n'ai-je pas assez tué ces deux derniers jours ? Faut-il encore que, par la mort de ces hommes blancs, je couvre l'Abyssinie d'une tache de sang ineffaçable ?

Deux jours après, les troupes britanniques enfonçaient les portes de son dernier asile et relevaient sur un monceau de cadavres le corps du roi Théodoros. A la vue des uniformes étrangers apparaissant sur le faîte de ses remparts impuissants, il s'était tiré dans la tête un coup de pistolet.

" Théodoros mort avait, dit le docteur Blanc, le sourire sur les lèvres, cet heureux sourire qu'on lui voyait si rarement dans les derniers temps de sa vie. Il donnait un air de grandeur calme aux traits de cet homme, dont la carrière avait été si remarquable et dont les cruautés sont presque sans égales dans l'histoire, mais qui, à sa dernière heure, semblait avoir retrouvé les jours de sa jeunesse, avait combattu comme un brave, et s'était donné la mort plutôt que de se rendre. "

La dépouille du négus, gardée par une sentinelle anglaise, fut enterrée le lendemain dans l'humble église de chaume de Magdala, et la présence de quelques habits rouges fut la seule pompe qui accompagna ces tristes funérailles.

Ce modeste monument ne devait pas même abriter les restes de celui pour lequel l'empire éthiopien avait paru un jour trop étroit. Tout le matériel de guerre conquis dans Magdala ayant été condamné à être détruit comme ne pouvant former un trophée digne des vainqueurs, ceux-ci en firent un immense bûcher qui embrasa toutes les constructions de la ville. Sur ce plateau désert, nivelé par l'incendie, on chercherait en vain le tombeau de Théodoros.

Ati-Joannès. — Quelques mois plus tard, le fils d'un chef qui avait pris parti pour les Anglais était proclamé roi par un grand nombre de tribus ; il fut reconnu en qualité de négus en 1871. C'est le fameux Ati-Joannès, prince d'une astuce remarquable, qui conduisit son peuple comme un troupeau d'esclaves.

Il se défiait extrêmement des Européens.

Le récit d'une audience obtenue de ce potentat en 1879 par les missionnaires capucins chargés de l'évangélisation des tribus gallas, va nous faire connaître le caractère du successeur de Théodoros.

" Quand nous fûmes introduits en présence d'Ati-Joannès, écrivait peu après un vénérable religieux devenu évêque depuis, le R. P. Lasserre, nous le trouvâmes assis sur un lit recouvert d'étoffes d'Europe et accoudé sur un tapis de soie. A sa droite, sur un autre tapis, nous aperçûmes le roi du Choa, Ménélik, et à sa gauche un de ses grands officiers. Mgr Massaja, vieillard vénérable et septuagénaire, ne fut pas même invité à s'asseoir. Joannès lui demanda sèchement pourquoi il était venu. Sa Grandeur répondit que c'était pour lui présenter ses hommages, et, en même temps, pour lui exposer nettement sa situation et dissiper tous les bruits qui avaient couru contre nous.

" Depuis trente-trois ans, lui dit l'évêque, j'évangé-
" lise les pays gallas. J'ai toujours été en bonne har-
" monie avec les rois vos prédécesseurs. A l'époque de
" la guerre des Anglais contre Théodoros, ne voulant
" point profiter de leur expédition en Abyssinie, de
" peur de compromettre mon ministère pacifique, je
" demandai à Ménélik, ici présent, passage à travers
" ses États pour me rendre chez les Gallas. Ma requête
" accueillie, je pris la voie des Adals avec deux con-
" frères aujourd'hui en pays gallas. A peine arrivé au
" Choa, je me disposai à continuer ma route dans la
" partie sud de la mission ; mais le roi Ménélik, par
" affection pour moi, ne voulut pas me laisser partir ;
" il peut en rendre témoignage. Du reste, il y a ici
" beaucoup de tribus à évangéliser.

" Maintenant, j'espère, prince, que nous trouverons
" auprès de vous les dispositions favorables de vos
" prédécesseurs, d'autant plus que je n'ai jamais rien
" entrepris contre les intérêts de l'Abyssinie. Nous
" attendons votre réponse, soumis d'ailleurs, à tout ce
" que Dieu voudra de nous. "

" L'empereur, la face hypocritement cachée dans son vêtement, écoutait en silence. Le moment de répondre était venu ; mais nous étions descendus trop bas dans son estime pour que Sa Majesté daignât nous adresser un seul mot. Sur un signe de sa part, son maître de cérémonies nous enjoignit de retourner à notre campement, ajoutant que nous y recevrions la réponse de Joannès. Cette réception si froide et si hautaine, suivie d'un silence si accablant, acheva de détruire le peu d'espérances qui nous restaient. "

Quelque temps après, le négus faisait signifier aux missionnaires l'ordre de quitter le pays. " Tu m'affirmes, aurait dit Joannès à Ménélik, que l'abbé Massaja est un homme irréprochable, qu'il a toujours pris soin de nos intérêts ; c'est possible. Mais ne vois-tu pas qu'attirés par lui, beaucoup d'Européens arrivent par la voie des Adals ? Je ne saurais le souffrir. Je veux que cette route se ferme, autrement tu finirais par faire prendre notre pays. Tu ne connais pas les Européens. Ils commencent par demander du terrain large comme la peau d'un bœuf, puis, faisant de cette peau de fines lanières, ils occupent bientôt l'étendue qu'elles peuvent mesurer, et peu à peu ils envahissent tout. "

AFRIQUE ORIENTALE. — Guerrier Galla.

État actuel de la mission des Gallas. — Depuis cet interdit jeté sur les missionnaires par le puissant empereur, l'Éthiopie a passé par une période critique: deux redoutables ennemis, les Mahdistes musulmans à l'ouest, les Italiens à l'est, ont mis en péril son indépendance ; elle est sortie agrandie et fortifiée de cette double épreuve. Le fier Joannès a trouvé la mort à Matemmah dans une bataille contre les Mahdistes ; Ménélik lui a succédé. Le nouveau Négus a reconstitué la nation abyssinienne et repoussé avec énergie, intelligence et succès toutes les attaques contre son autorité, qu'elles vinssent du dehors ou du dedans. Il a constitué sur le plateau abyssin un vaste et puissant empire et il laisse en paix les missionnaires.

Mgr Taurin Cahagne, le digne successeur du vénérable Mgr Massaja promu cardinal, dirige d'une main ferme et prudente la mission. Il a créé la mission d'Obock, et, vaillamment secondé par son coadjuteur, Mgr Lasserre, qui l'a quitté en 1888, pour devenir vicaire apostolique de l'Arabie, il ne s'est jamais laissé abattre par les tribulations.

" Notre situation ne cesse d'être critique, écrivait-il au milieu des vicissitudes de toute sorte qui assombrissaient l'horizon ; mais nous sommes entre les mains de DIEU, notre divin Maître, et c'est avec une pleine confiance en sa bonté que nous continuons à jeter le filet dans cette mer houleuse.

" Actuellement, je suis à Harrar avec un Frère. Je chercherai par tous les moyens à nous y maintenir ; mais, s'il fallait céder pour un temps au fanatisme, nous aurions un asile et un champ d'apostolat chez les Gallas non mahométans.

" Les missionnaires rayonnent autour de moi à la distance d'une journée ou d'une journée et demie, dans une situation indépendante. La tribu des Nolé, qui tient les plus grandes voies commerciales, est surtout notre lieu de refuge. Son territoire se compose de hauts plateaux, puis de vallées profondes, fertiles mais peu accessibles. Nous occupons trois des vallées principales. Une de nos premières fondations est dans celle d'Awolé, où la population, surtout pastorale, est moins entamée par le mahométisme. De là, on découvre dans le lointain, à trente ou quarante kilomètres, les plaines brûlées des Issa. Plus loin, nous nous sommes arrêtés près d'un chef puissant de la tribu des Danka-Djarso. C'est le pays de Bio-Midagdou ; il est confié au Père André. Les populations environnantes sont assez favorables.

" Nous nous sommes hâtés de faire toutes ces fondations en vue des événements qui peuvent se produire dans un pays profondément troublé comme celui-ci. Il est possible, en effet, que notre position de Harrar soit menacée : il fallait donc imiter l'ancien patriarche Jacob, et diviser par bandes séparées la famille évangélique pour échapper à une ruine totale. Mais le principal était de faire acte de liberté en nous établissant dans les pays gallas, ce qui avait toujours été formellement interdit, et commencer véritablement notre œuvre d'apostolat. "

Franchissons rapidement le désert de Dankalis, si souvent traversé dans leurs allées et venues par les vaillants capucins et qui a dévoré tant de missionnaires. C'est là que sont morts entre autres les PP. Jean Damascène et Alexis de fatigue et de fièvre.

Enfin nous atteignons la côte.

Zeylah est sur une petite éminence, d'où la mer s'éloigne à la marée basse et qui, à la marée haute, devient une île. Tous les environs sont d'une stérilité complète : ce n'est qu'une plage de sable ; il faut aller à quatre kilomètres, à Tokocha, pour avoir de l'eau douce.

Obock. — Un peu au nord de Zeylah se trouve cette

station française. Les Pères ont demandé et obtenu
une concession de terrain pour bâtir et une autre portion pour un jardin. Mais là, tout est à créer. La ville
gouvernementale est sur le cap d'Obock ; déjà on y a
établi la maison du gouverneur, la caserne, l'ambulance.
L'emplacement concédé est bien aéré, en vue de la mer
et à une petite distance des édifices du gouvernement.
Les habitations civiles se groupent auprès de la
mission.

A une journée de navigation d'Obock, au delà du
fameux détroit de Bab-el-Mandeb *(la porte des Larmes)*, se dressent les inaccessibles rochers et les abruptes
montagnes de la presqu'île d'Aden. C'est par ce coin
de l'Arabie heureuse, si curieux à étudier et si justement célèbre par les souvenirs historiques ou fabuleux
qui s'y rattachent, que nous allons pénétrer dans le
continent asiatique.

TABLE DES MATIÈRES.

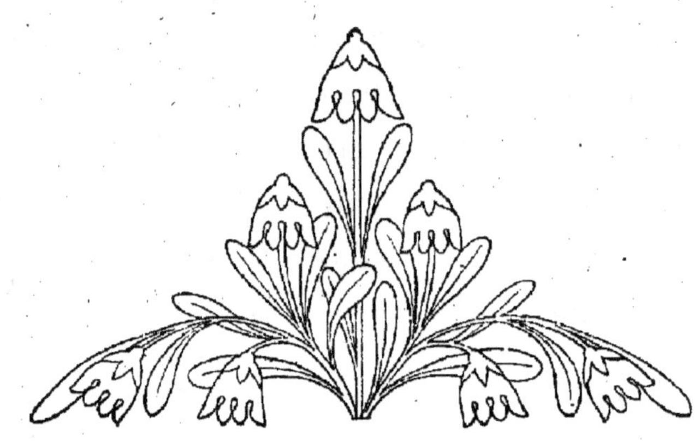

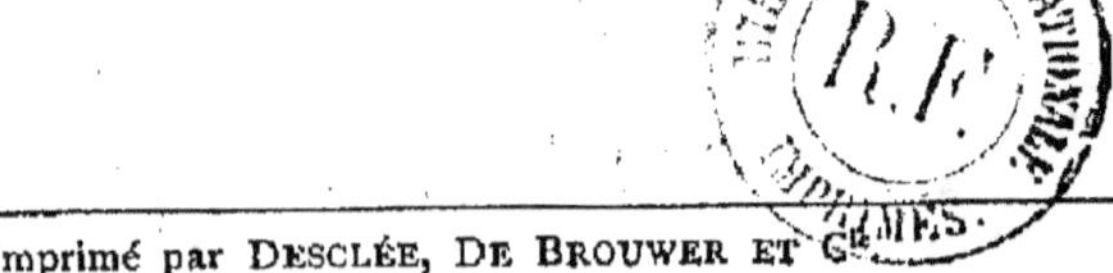

Imprimé par Desclée, De Brouwer et Cⁱᵉ.

9 782329 753300